彩图版中国历史故事系列
Illustrated Chinese History Stories

三国故事

韩震 ◎ 主编

吉林出版集团股份有限公司

图书在版编目(CIP)数据

三国故事/韩震主编.—长春:吉林出版集团股份有限公司,2011.1(2024.2重印)

(国民阅读文库·彩图版中国历史故事系列)

ISBN 978-7-5463-4578-9

Ⅰ.①三… Ⅱ.①韩… Ⅲ.①中国－古代史－三国时代－通俗读物 Ⅳ.①K236.09

中国版本图书馆 CIP 数据核字(2010)第 254732 号

三国故事　　韩震 主编

出版策划:崔文辉	特约审稿:尚尔元
选题策划:赵晓星	文字撰写:徐悦铭
责任编辑:赵晓星	设计制作:永乐图文
责任校对:刘晓敏	插图绘制:永乐图文

出　　版:吉林出版集团股份有限公司
　　　　　(长春市福祉大路 5788 号,邮政编码 130021)
发　　行:吉林出版集团译文图书经营有限公司
电　　话:总编办 0431-81629909　　营销部 0431-81629880/81629881
印　　刷:三河市华阳宏泰纸制品有限公司
开　　本:787mm × 1092mm　　1/16
印　　张:10
字　　数:120 千字
版　　次:2011 年 1 月第 1 版
印　　次:2024 年 2 月第 6 次印刷
定　　价:49.80 元

如发现印装质量问题,影响阅读,请与印刷厂联系调换,电话 13313168032

总 序

人们常说开卷有益，因为读书可以让人分享更多的经验、了解更多的知识、感悟更多的情感、领会更多的道理、内化更多的智慧。作为人类进步的阶梯，人类须臾不能离开图书的支撑。

图书的力量是由语言所内涵的经验、知识、思想、文化和智慧构成的。作为万物的灵长，人类命定是与语言联系在一起的。语言是人类精神生存的家园。如果说口头语言扩展了人类交流经验知识的内涵，文字语言却进一步使人类理智具有了超越时空的力量。图书，无论介质怎样，也不管形式如何，都无非是把文字语言加以整理保存下来的形式而已。有了图书，在前人那里或他人那里作为认识结论或终点的知识，都可以成为我们进一步探索的起点。假如没有图书，知识将随着掌握者肉体的死亡而消失；有了图书，所有的知识都可以积累起来，传递下去。

图书所体现的文字语言的力量，是通过阅读形成的。阅读，或同意、或保留、或质疑、或辩驳，都可以激活人们的思想力、想象力、创造力，都可以感染人们的人性情怀和情感世界。文字符号必须通过与鲜活头脑的碰撞，才能擦出思想的火花。只有通过阅读，冰冷的符号才能迸发出智慧的火焰。因此，图书不只是为了珍藏，更是为了人们的阅读。各种媒介的书写——甲骨文、竹简、莎草纸、牛皮卷、石碑、木刻本、铅印本、激光照排、电子版——都须在人们的阅读中，才能发挥传递知识、传承文明、激发智慧的功能。

阅读犹如划破时空边界的闪电，使知识的传递和思想的交流不再限于一定时空体系内面对面的直接的人际交流。在这个意义上，读书已经构成超越时空的力量。

阅读是照亮晦暗不明的历史档案馆的明灯。通过文字的记载、叙述与说明，书籍使人类的知识、思想、情感和文化跨越了历史的长河，形成了文化传承的绵延纽结。通过阅读，我们可以与古代的先哲前贤进行思想对话。阅读《诗经》，似乎是让我们穿越时空隧道，回到几千年前的远古时期，感悟古代神州各地先民的所求所望；阅读经典，也能够让我们与老子、孔子、庄子、孟子、韩愈、柳宗元、苏轼、朱熹、康有为、梁启超、孙中山等无数先哲对话切磋……

阅读是连通不同文化之间鸿沟的桥梁。通过读书，我们不仅了解了中国古代思想家的理想与追求，还了解了古希腊苏格拉底、柏拉图、亚里士多德等哲学家的关注与思考；通过读书，我们知道了洛克、伏尔泰、狄德罗、卢梭、康德等启蒙思想家的探索与呐喊；通过读书，我们也可以与非洲、拉丁美洲、欧洲的人们一起，对现代世界或感同身受，或看法不一……

阅读关系每个国民的科学素质和文化素养。读书往往决定一个人的文化修养、知识广度和思想境界。阅读，让我们与伟大的心灵对话，与智慧的头脑同行。有了阅读，每个人都可以站在巨人的肩上！阅读，不仅让人有知识，而且有文化；不仅有能力，而且有智慧；不仅有头脑，而且有心灵。所以，人们说，书读多时气自华。在一定意义上说，你阅读什么书，你就是什么人；你的阅读水平，也就是你作为人的生存状态或生存样式。谁阅读的书更多些，谁的知识视阈也就更广阔些；谁阅读的书更多些，谁的精神世界也就更丰富些。

阅读关系一个民族的素质和质量，影响一个国家的前途和命运。如果说一个不读书的民族是没有希望的，那么善于读书、勤于阅读的民族才会有光明的未来。国民阅读能力和阅读水平，在很大程度上决定一个民族的基本素质、创造能力和发展潜力。善于阅读的民族，才能扬弃地继承本民族的优良文化传统，才能批判地吸纳世界各国最优秀的思想成果。一个民族的精神发育史，就是一个民族的阅读史。如果说阅读可以让一个人站在巨人肩上前行，那么一个善于阅读的民族就是站在人类文化成果的最高峰进步。在这个意义上，实现中华民族伟大复兴的愿景就有赖于全体国民的阅读。

历史早已证明:无论是传承传统文化,还是引进外来文化,无论是学习已有的知识,还是探索新的可能,图书都是不可或缺的有效载体或工具。但图书的作用不能仅仅是静静地摆在图书馆的书架上,而是让所有国民有更多的阅读机会。让更多的人有更多的阅读机会,就成为摆在我们面前的愿景。

吉林出版集团推出《国民阅读文库》,可谓应运而生,恰逢其时。这套内容丰富、体系宏大的丛书,面向全体国民一生的阅读需要,以通俗易懂、简洁明快、图文并茂的方式,辅以光盘等现代数字媒介,着眼国民需要,方便大众阅读。其受众对象,从幼儿到老年、从农民到工人、从群众到干部,包括所有群体,无一遗漏;其内容涵盖,从哲学社会科学、自然科学至日常生活、艺术审美、休闲娱乐,无所不包。编辑出版这套丛书,目的就是为了更有效地弘扬中国传统文化的精髓,吸纳全人类优秀文化的精华,传播人类最新知识和思想文化成果。

总之,这套丛书按照系统的整体思想,提出自己的独特出版规划,全面涵盖了读者群体与知识领域;这样的出版规划,旨在为全体公民提供一生的文化营养,构筑新时代国民的精神家园。希望有更多的人,流连于这个知识的海洋,漫步在这块思想的沃土,在这里汲取营养,在这里学习知识,在这里滋润情感,在这里丰富心灵,在这里提升能力,在这里升华理想。

祝愿各位读者与《国民阅读文库》同行,做一个终生阅读者,在阅读中获得快乐,在阅读中得到成长,在阅读中寻找成功,在阅读中度过有意义的人生!

　　中华民族是一个有着五千年历史的文明古国,在漫漫的历史长河中,深深地烙下了自己的印迹。每一个重大的历史事件,每一位英雄伟人,就像是历史长河中的一幅图片,编织着五千年的历史画卷,见证着伟大民族的兴衰历程。

　　少年是国家的栋梁、民族的希望。在竞争激烈的当代,中国能否成为顶尖的世界强国,全在于少年的努力——"少年强则国强"。而历史是少年最好的老师,它像一面镜子映射出中华民族五千年的兴衰荣辱,我想每一个热爱生活的少年,都应该去了解祖国的历史,了解那些惊心动魄的历史画面和叱咤风云的时代缔造者。少年只有了解了中华民族的发展轨迹,才能从前人身上吸取经验和教训,从而更深刻地认识自己,正视现实,展望未来。

　　出于上述的目的,我们编纂了这套丛书。针对少年儿童的阅读兴趣,略去了传统中国通史严肃的叙述方式和枯燥的记叙手法,而选取了历朝历代最具特色的人物及历史事件;用生动的语言,以讲故事的叙事方法,将一个个历史事件娓娓道来。让小读者在阅读故事的同时,不知不觉便了解了中国几千年辉煌的历史。另外,为了消除阅读障碍,我们特别给生僻字标注了拼音;为了扩展知识面,我们特别增加了知识链接的小栏目。

　　读史使人明智,鉴史可知兴衰。到达知识的彼岸,需要我们不懈的努力,"路漫漫其修远兮,吾将上下而求索",真心地祝愿我们的少年朋友能够在这套丛书中学到知识,增长见识,为中华民族的腾飞贡献自己的力量。

目录

- ◎ 董卓乱政夺权 ………………… 1
- ◎ 夏侯惇眼中拔箭 ……………… 6
- ◎ 猛典韦舍命救曹操 …………… 10
- ◎ 许褚牵牛百步退敌 …………… 15
- ◎ 董国舅衣带血诏 ……………… 20
- ◎ "小霸王"孙策知人善用 …… 23
- ◎ 辕门射戟 ……………………… 27
- ◎ 忠孝太史慈 …………………… 30
- ◎ 关公怒斩颜良 ………………… 35
- ◎ 刘晔巧设投石计 ……………… 38
- ◎ 乌巢烧粮 ……………………… 42
- ◎ 铜雀台上文姬绝唱 …………… 45
- ◎ 火烧博望坡 …………………… 47
- ◎ 三顾茅庐 ……………………… 50
- ◎ "小神童"曹冲 ……………… 55
- ◎ 曹操怒杀华佗 ………………… 58
- ◎ 望梅止渴 ……………………… 62
- ◎ 赵子龙单骑救主 ……………… 64
- ◎ 诸葛亮力说孙权 ……………… 67
- ◎ 火烧赤壁 ……………………… 71
- ◎ 黄盖收山越 …………………… 75
- ◎ 孙权"草船借箭" …………… 77
- ◎ 凤雏落翅雒城 ………………… 80
- ◎ 刘备攻占汉中 ………………… 83
- ◎ 刘备痛失法正 ………………… 88
- ◎ 孙权劝学 ……………………… 91
- ◎ 大意失荆州 …………………… 93

◎ 毌丘东征 …………… 130
◎ 仓慈为魏守敦煌 …………… 132
◎ 司马懿谋诛曹爽 …………… 134
◎ 魏吴东兴之战 …………… 137
◎ 借酒诛杀诸葛恪 …………… 140
◎ 司马昭杀曹髦 …………… 144
◎ 嵇康打铁 …………… 146
◎ 三国归一统 …………… 150

◎ 七步成诗曹植避祸 …………… 97
◎ 杨修聪明反被聪明误 …………… 100
◎ 夷陵之战 …………… 102
◎ 濡须口之战 …………… 106
◎ 吴蜀通和 …………… 108
◎ 诸葛亮七擒孟获 …………… 112
◎ 斩马谡 …………… 116
◎ 木牛运粮草 …………… 119
◎ 诸葛亮魂归五丈原 …………… 121
◎ 魏伐辽东 …………… 126

董卓乱政夺权

东汉末年，天下大乱，乱世中出现了一位横行天下的人物，他就是董卓。

董卓生于一个地主豪强的家庭里，养尊处优的环境让他从小就十分放纵任性，粗野凶暴。当时他的家乡处于偏远地区，与西北地区少数民族羌(qiāng)族为邻。董卓少年时期喜欢游玩，曾经到过羌族地区，与当地羌族首领豪帅成为朋友。每次豪帅来董卓家做客，董卓都杀耕牛来招待他，这让豪帅十分感动，后来送了上千头牛给董卓，可见两人的交情非同一般。

东汉末年，朝廷内忧外患，一方面皇后的亲戚和内宫太监们争权夺势，斗得你死我活，弄得民不聊生，再加上连年灾难，使得百姓们怨声载道；另一方面西边的羌族趁机不断反抗作乱。在这样一个动荡的年代，朝廷看中了董卓，觉得他既了解羌人又有勇有谋，于是让董卓做了一个副将，随着大军攻打并州的羌人。董卓因为熟知羌人的习性，所以在这期间不断地打胜仗，逐步被提升为郎中，后来又因为立下大大小小的战功一路升官发财一直做到了河东太守。

黄巾起义的时候，董卓作为中郎将前去镇压，因为镇压失败被撤掉官职，回了老家。过了一段时间，羌人继续作乱，朝廷派出镇压的官兵被羌人军队围困，最终还是董卓用计成功救出军队，于是被封为"台乡侯"。又过了一段时间，羌人内乱，西凉一带的一个小头目韩遂就合并了羌胡人的兵力，联合周边马腾等人的势力，一起进攻京城洛阳。在这种危难时机，汉灵帝任用董卓平定了叛乱。叛乱平定后，董卓将叛军的俘虏都收归在自己的手里，这样一来，董卓的实力又大大增强了。

不久,汉灵帝逝世了,一个十来岁的毛孩子当了皇帝,朝廷的生杀大权就落到了小皇帝的母亲何太后手中。这时候大将军何进找袁绍商量想要杀掉那些总是干涉朝政的太监,但何太后不同意。于是,何进连说带骗把董卓弄进京,想要借董卓的势力取得权位。董卓同意后,何进立刻起兵,谁知还没等到董卓赶到就被太监张让杀了。知道董卓要来洛阳,张让挟持了当时的小皇帝刘辨和陈留王刘协逃到小平津(今河南省巩县西南)。董卓得知小皇帝被带

走了,赶紧率兵去营救小皇帝。董卓杀掉张让救下小皇帝后,威风凛凛、大摇大摆地上前去参见这个小皇帝,而小皇帝刘辩看到董卓带着大批军队前来,被蜂拥而至的大军吓得惊慌失措、泪流满面。董卓询问小皇帝被挟持前后的经过,却见他结结巴巴,语无伦次。这时董卓看到了站立一旁的陈留王刘协,于是便转过来问刘协。刘协虽比小皇帝还小但很清脆利落地向董卓讲述了整个事变的经过,说得很清楚明白,没有任何遗漏。当时,刘协只有9岁,比少帝还小整整5岁。董卓见了非常高兴,认为刘协要比刘辩强得多,又因这个刘协是董太后亲自抚养的(因为董卓比较倾向于董太后,可能是因为姓氏相同),于是,便起了废黜刘辩、拥立刘协的念头。董卓迎回小皇帝后,逐步掌握了京城兵权,他的野心也越来越大。不久,手握兵权的董卓借机杀了小皇帝刘辩,又毒死了何太后,拥立了陈留王刘协为新皇帝,即汉献帝,董卓成了相国。从此他在朝廷内外更是横行霸道,经常用残酷的刑罚对待官吏和百姓,还任由手下士兵在洛阳城中为非作歹,鱼肉百姓,无恶不作。董卓的残暴,激起天下各地诸侯的不满,更引得朝廷内外怨声四起,各地人民几次声讨董卓,逼得董卓没办法,只好挟汉献帝迁都长安。

无论是在洛阳还是在长安,董卓的暴虐本性都不改,激起了天下很多人的愤怒,都在不同地区起兵或者发布声明来抗议董卓的恶行,而朝中的许多官员们更是切身体会到董卓的种种恶行,对他更是深恶痛绝,都很想除掉这个恶人。这时,有个叫伍孚(fú)的人是越骑校尉,对董卓的恶行更是十分痛恨。眼见董卓种种恶行,他忍无可忍,发誓要亲手杀了这个恶人。有一天,伍孚在身上藏了一把刀,找了一个理由前来拜见董卓。两人相谈很久,伍孚也投其所好,所以董卓对伍孚非常满意。谈完事情后,伍孚向董卓告辞,董卓居然起身准备亲自送他出去,在送伍孚出门时还用手轻轻拍了拍伍孚后背,表现出了非常亲切友好的样子。这个时候,伍孚觉得机不可失,猛然抽出藏着的小刀就向

董卓刺去。可能是由于用力过猛，伍孚没有刺中董卓的要害。而这董卓毕竟是久经战场，虽然大吃一惊，但第一刀没有刺中，他马上敏捷地推开伍孚，并且大声呼救，立刻喊来了很多卫兵。闻声而来的卫兵见到这个情景，一些人去扶受伤的董卓，另一些人将伍孚团团围住，毕竟人多势众，伍孚打不过这些卫兵，不久就被拿下了，这时董卓又惊又怒直接大喊杀掉他，伍孚就被这些卫兵乱剑杀死。董卓惊魂未定，看见伍孚的尸体大骂，说伍孚包藏祸心，不讲仁义，居然暗中偷袭刺杀他。

虽然伍孚刺杀失败，但董卓作恶多端的行径终究受到了惩罚。191年，司徒王允、尚书仆射士孙瑞、董卓义子吕布坐在一起，商量如何除掉董卓。当时献帝大病初愈，满朝文武大臣在未央殿集会。吕布借此机会，事先安排同郡骑都尉李肃等人带领十多名亲兵，换上卫兵的装束隐蔽在宫殿侧门的两边。董卓刚走到侧门，便遭到李肃等人的突袭。董卓大惊，慌忙向义子吕布呼救——董卓权势天下的时候对别人很猜疑，只信任义子吕布，并任用吕布在身边作为保镖。没想到吕布不但没有理睬董卓的呼救，还大声喊道："我们是奉皇命讨杀乱臣贼子，你死有余辜！"绝望中的董卓虽然奋力反抗，但已无济于事，寡不敌众被杀当场。董卓的死让朝廷内外拍手称快，但也让天下更加动荡不安，战乱更加频繁了。

诸 侯

是古代中央政权所分封的各国国君的统称。诸侯源自分封制，最早可以追溯到西周时期。当时将土地和土地上居住的人民，分别授予王族、功臣和贵族，让他们建立自己的领地，保卫王室。封国的面积大小不一，封国国君的爵位也有高低。诸侯必须服从周王室，按期纳贡，并随同作战，保卫王室。汉时诸侯国由皇帝派专门的官吏治理，王、侯只需收取租税即可。

夏侯惇眼中拔箭

董卓乱政夺权就是因为东汉末年朝政动荡,而这一时期也涌现出了很多的英雄和豪杰,他们都是想要夺取天下的野心家,这其中有雄霸一方的诸侯,也有招兵买马的军阀,他们的手下都汇集了不少身怀绝技的能人志士。其中,有位敢从自己眼中拔箭的猛士,他就是夏侯惇(dūn)。

夏侯惇是汉朝开国功臣夏侯婴的后人,后来也成为三国时期魏国的名将。因为是名门之后代,夏侯惇自小就喜欢舞刀弄枪,14岁的时候就开始拜师学艺。夏侯惇的性格很刚烈,但是对他的老师十分尊重和爱戴。有一天,夏侯惇从朋友那里得知有人侮辱了他的老师,性情一起,他就毫不犹豫地把那人给杀了。这下子他和他的暴烈性情马上就远近闻名了。

那个时候,社会动荡不安,天灾人祸不断,百姓生活困苦,民间又爆发了黄巾起义。因为黄巾起义发展迅猛、声势强大,皇帝不得不请各地诸侯纷纷发兵镇压。而各地诸侯趁机招兵买马壮大自己的力量,暗中积累自己的实力。那时候有兵就有权,谁的兵多谁就可能征服天下,所以这个时候是非常混乱的一个时期。过了不久,果然就发生了董卓乱政夺权,把人间祸害得天怒人怨。面对这个兵荒马乱的时局,有雄心壮志的曹操在陈留起兵,准备和其他各地诸侯讨伐乱臣贼子董卓。而这时,夏侯惇已成长为雄壮有力的小伙子,他不甘心在乱世中默默无闻,于是追随了曹操,在曹操的军营中做了一个小头目,后来跟随曹操到处征讨董卓及残余势力,在征战中英勇善战屡建战功。

193年,曹操带兵进攻陶谦,留下夏侯惇来守濮(pú)阳。就在这时陈留的太守张邈(miǎo)叛变,暗中与吕布联手准备袭击曹操的老家,知道这个消息后，夏侯惇带领一部分人急忙赶去制止。骁勇的夏侯惇与善战的吕布在半路相遇，两军打得十分激烈，后来吕布打不过夏侯惇，逃走了。跑着跑着吕布越想越不甘心，在途中转向进入濮阳，偷偷袭击了夏侯惇留下的后备重装大部队，但偷袭也没有得手，这样接连的失败让吕布十分怒火，发誓非要拿下濮阳不可。吕布脑筋一转，派遣军中一名将领假装投降，夏侯惇没有怀疑就接收了这名将领。为了了解更多吕布的情况，夏侯惇单独询问了这名投降将领，没想到却被这将领趁机偷袭击晕，被伪装进来的吕布手下五花大绑带走了。

吕布想用夏侯惇换取濮阳，于是派人去与夏侯惇副将韩浩做交易。韩浩是一个非常有谋略的人，主帅被擒，确实让军中大乱阵脚，他马上召集军中其余将领，严肃军纪，稳住军心。过了几天，韩浩带了一些兵将前去吕布关押夏侯惇的屋前，面对抓住夏侯惇的吕布的手下，韩浩疾言厉色，痛斥道："你们这些逆贼，竟然敢挟持大将军，不想活命了吗？我们受命讨伐逆臣贼子，怎么可能因为将军被你们这些小人挟持就放过了你们？"说完，韩浩转过头声泪俱下地对被抓住的夏侯惇说道："国法如此，请大将军明白。"深明大义的夏侯惇点头默许。韩浩就毫不犹豫地下令让手下不要顾忌将军，准备围杀绑架夏侯惇的这些人。面对这种出乎意料的状况，吕布的部下相互看了看对方，一时没了主意。他们原本想扣押夏侯惇可以让曹军军心大乱，然后趁机取得胜利，夺取战功，却没料到不但这夏侯惇威武不屈，连他的手下都是如此不卑不亢，义正词严。这群人一看此计不成，为求活命，纷纷跪地求饶，希望能够因为主动投降而捡一条命。就这样，一场无硝烟的战斗以夏侯惇被救结束。

等将一干人等抓获后，夏侯惇十分震怒，对着这些贼人说道："难道怕死投降就能赦免你们的死罪吗？"于是下令，将他们全部斩首。通过这件事，让夏侯惇看到了韩浩的才智和勇气，对他十分欣赏，就将韩浩举荐给曹操，希望他能够得到重用。曹操听到夏侯惇报上来的事情的始末之后，也十分欣赏韩浩

的智勇双全，开始重用韩浩，同时也以此事为诫，下令以后凡是遇到这种以劫持主将扰乱军心的事情，都可以不顾人质而坚决消灭劫人者的法令。这个法令一颁布，以后再没发生劫持人质的事情了。

　　劫持事件之后，夏侯惇虽然安全被救，但也以此事为辱，对吕布恨得是咬牙切齿。当曹操带兵返回徐州时，夏侯惇重新带着兵马去征讨吕布，没想到正在厮杀当中，被吕布手下所放的箭射中左眼。疼得夏侯惇是连声怒吼，怒极之下，夏侯惇竟亲手将箭从眼窝中拔出，一股鲜血顿时喷了出来。夏侯惇用力将箭投向敌军，一名敌军被这怒掷之箭刺穿，应声而倒。接着就看到夏侯惇左眼血肉模糊，鲜血顺流而下，左半边脸布满血污，怒吼声中挥舞着银枪扫平周围敌兵，见此情景，围攻夏侯惇的众兵将们无不心惊胆寒，被夏侯惇的杀气吓得一时间都没了举动。见此情景，为振奋士气，作为主帅的吕布连忙催马上前与夏侯惇对战。虽然刚才怒极生力，但夏侯惇由于左眼失明，身体无法平衡，不由得被吕布打得节节败退。感觉到情况不妙，夏侯惇也不恋战，激战中，他一个挺儿，将吕布逼退，反身逃回自己营阵，固守阵地。经此一战，夏侯惇失去一只眼，但他以余威震退敌兵又从吕布手中全身而退，也是十分难得。后来因为军队中还有一位叫夏侯渊为将军，为区分二人，兵将们都暗中称夏侯惇为"盲夏侯"。

吕　布

　　吕布(？－198年)，字奉先，汉族，五原郡九原县(今内蒙古包头)人。东汉末年名将，汉末群雄之一。曾先后为丁原、董卓的部将，也曾为袁术效力，被封为徐州牧，后自成一方势力，于198年在下邳被曹操打败，并被处死。

猛典韦舍命救曹操

东汉末年诸侯争霸,各方势力都在不断扩张自己的势力,曹操除了招募到夏侯惇外,手下还汇聚了不少猛士。陈留的太守张邈当时投靠了曹操,他在协助曹操招兵买马的过程中,偶然间得了一员大将,这人就是典韦。

典韦是陈留人,形体魁梧,臂力过人,而且为人很仗义,有侠义心肠。当时同乡刘氏和睢阳人李永相互结仇,典韦知道原因后很为同乡刘氏抱不平。因为李永曾经当过富春长,所以家中护卫众多,戒备很森严。典韦见此情景,琢磨了很久,想出一个主意来。这天,他驾着马车,上面装着烧鸡和美酒,到了李永家门附近,就坐在马车驾座上,边吃鸡边喝酒,假装成正在等候别人的样子。等到李永的府门一开,李永亲自出来的时候,典韦趁机靠近李永,趁李永不防抽出匕首刺杀了他,还把他的妻子也杀了,然后慢慢走回马车,拿出车上的武器步行着离开了。因为李永的住处是在闹市区,这事一发生就被周围很多人看到了,大家见了都惊得愣住了,等反应过来才纷纷追击杀手。但是,一看到典韦的体型如此彪悍,杀人后又如此镇定,大家都不敢离他太近。就这样典韦前面走着,后面一群人在后面跟着,等走了四五里路后,李永的家兵都追了上来,典韦和这群家兵展开了激烈的厮杀,那典韦十分勇猛,凭着一股不怕死的劲儿击退了这群家兵,逃脱了包围远走他乡。这事儿立刻被传扬开去,许多豪杰之士都对典韦的义气十分赞赏,典韦的名声也传了出去。

后来,离乡逃亡的典韦听闻曹操招兵,觉得自己有一身的力气,就又回陈留参兵。典韦入军后被张邈分派到司马赵宠的旗下。当时部队出征都会在队

伍前高举牙门旗作为标识,而军中的牙门旗一般都非常高大粗壮,一般的士兵都举不起来,但是典韦来了之后,一只手就把牙门旗竖着举了起来,周围的士兵一顿叫好,而司马赵宠见他的力气如此巨大,也十分惊奇。

194年,当时曹操去濮阳讨伐吕布。吕布将自己的大部分兵马都驻扎在

离濮阳四五十里的一个地方，曹操得知后就带兵趁着黑夜前去偷袭，与那里的驻兵一直打到第二天早上，最终打败了吕布的驻兵。曹操刚收拾完战场准备回去的时候，吕布已经得到消息带着救兵赶到了，于是双方又激战起来。当时，吕布也亲自上阵杀敌，于是双方打得十分激烈，从这天的早上一直打到晚上。

为了打破眼前这种相持的局面，曹操临时在阵营中招募能够攻破吕布防线的人，典韦当即应招，同时应招的还有十多个人，于是，这些人都穿着双层的铠甲，不带盾牌只拿长矛和戟准备突破。这时曹营西面情况很危急，曹操立即派典韦前去应战。面对飞来的雨点般的箭，典韦像没看到一样，告诉随从："等敌人走到十步之内的时候告诉我一声。"过不久随从就说："离这儿已经十步了。"典韦看看，又说道："等到五步之内的时候再告诉我。"这时随从已经被敌军的攻势吓到了，害怕地大声喊道："敌人已经来了。"就见典韦双手拿着十多支小戟，大喊一声，吓得敌军一愣，随后典韦甩手向敌人投掷出好几支小戟，就见小戟有的直接穿透敌人，有的去势猛烈击倒不少敌人，然后典韦双手高举最后一双大戟迎面冲入敌军，双手所到之处敌人都应声倒下。如此生猛异常的打法把敌阵撕开一个豁口，于是其他曹军随后追击，到了日落的时候吕布军队被打退了。于是，曹操连忙带军回营。经此一战，曹操发现了典韦的勇猛，于是封典韦为都尉，随身保护他，平时典韦则带领数百亲兵，在营帐之间巡逻。典韦长得十分壮实，为人又忠诚稳重，常常从早到晚为曹操守帐，到了夜里就住在附近帐中，很少回到自己的家里。为此，曹操十分重视和欣赏他。

197年，曹操征伐荆州，途中经过宛城，张绣过来投降。曹操知道这个消息后十分高兴，于是就邀请张绣和张绣的部将们一起来吃酒。曹操举杯向他们敬酒的时候，典韦就拿着大斧就站在曹操身后。那把大斧非常大，斧刃就有

一尺多长。如此巨人和巨器站在曹操身后,任谁见到曹操都不敢直视。张绣来降后过了十多天,曹操却纳了他的叔婶为妾,张绣觉得很耻辱,又听了贾诩的建议,干脆领兵反叛了曹操,直接偷袭曹操的营帐。事发突然,曹操被张绣杀得措手不及,很多曹军也因为事发突然被杀死。曹操见情况不妙,连忙带着少数亲兵逃命,这时张绣的士兵纷纷射箭想要射杀曹操,结果曹操的战马被箭射伤不能再跑,曹操的长子曹昂连忙将自己的战马让给曹操,然后为曹操断后。这期间,典韦一直守在门前奋战,张绣的兵没有一个能够打败他进入曹操的住处,于是就分兵从其他的门进攻。当时典韦手下还有十多人,都以一当十地与敌军誓死奋战。后来曹操逃脱,这时张绣的大队人马已经攻了进来,典韦前后左右的敌军越来越多,典韦用长戟击敌,使劲一挥就能扫平十多个人,随着时间的推移,典韦身边的曹军差不多都死了,而典韦自己也是身上多处受伤,后来,典韦丢了兵器干脆与敌军近身肉搏。典韦力大无穷,双手各夹着一人,然后双手对击就杀了两人,很多敌人都不敢上前。最后,典韦凭着最后一股力气冲向前又杀了十多个人,然后因为受伤过重,流血过多,终于最后怒睁双目大骂着敌人力竭而死。

这时的曹操已经逃出包围到了舞阳,听说了长子曹昂及猛将典韦死了,痛哭失声。后来派人偷偷将典韦的尸体运了回来,好好安葬。

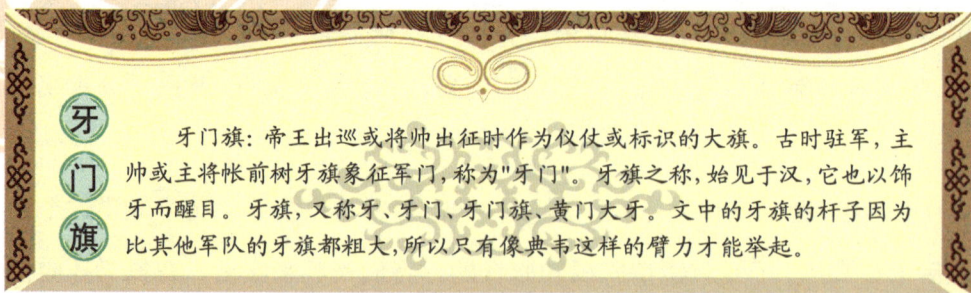

牙门旗:帝王出巡或将帅出征时作为仪仗或标识的大旗。古时驻军,主帅或主将帐前树牙旗象征军门,称为"牙门"。牙旗之称,始见于汉,它也以饰牙而醒目。牙旗,又称牙、牙门、牙门旗、黄门大牙。文中的牙旗的杆子因为比其他军队的牙旗都粗大,所以只有像典韦这样的臂力才能举起。

许褚牵牛百步退敌

在曹操的势力逐渐扩大的过程中，也遇了不少风险，有几次差点连命都丢了，都幸亏曹操有"左膀右臂"的保护，才一次次逢凶化吉，他们分别是"左膀"典韦和"右臂"许褚(chǔ)。典韦的丧命让曹操宛如失去一只左膀，但幸好他还有一只右臂——许褚。许褚和典韦一样勇猛善战，而且二人都是高大魁梧，外貌威猛过人。

这个许褚很不简单，想当年世道混乱，黄巾军四处起兵，正好赶上活动在汝南郡葛陂一带的黄巾军前来攻打褚地，来了大约有一万多人，声势浩大，来势汹汹的。面对这种情况，许褚虽然年少，但胆识过人，为了保家护院，就组织了当地所有年轻小伙还有自己的宗族大约数千人，共同抵御外敌。但是这群黄巾军毕竟人数很多，几次进攻下来，眼看就快把许褚他们的外围攻破了。眼看着敌人就要攻进来了，而许褚这边的弓箭也用尽了，能够击退敌人的武器也没了，许褚十分着急，左右看了看，突然发现附近的大小石头很多，灵机一动，许褚来了主意。于是，许褚把众人叫到一起，集大伙之合力搬动些特别大的石头作为盾牌来抵挡敌人的攻势，然后再捡许多小石头，放在大石头的后面，大伙就躲在大石头后面向敌人扔石头。由于许褚的力气特别大，扔的石头总是能把敌人打得鼻青脸肿，一时之间，敌人倒也不敢贸然前进了。黄巾军一看一时也攻不下这地方，就采用了围困的办法。过了不久，许褚这边的粮食都吃尽了，大伙也都渐渐没了力气，这样下去就会不攻自破了。许褚见此很着急，走来走去地琢磨办法。后来也不知道谁家的牛叫了一声，这倒引起了许褚的注意，让他一下子来了主意。许褚派人放出话去，说想要用牛与敌人换取粮食，

黄巾军那边一听有牛可以换，也觉得许褚这些人逃不出去，就同意了。结果，当黄巾军这边拿着粮食去换牛的时候，粮食刚给许褚这边，那边的牛就被人偷偷使劲拍了屁股，结果牛就发毛了，使劲冲了出去，这下子可把这些黄巾军的士兵给吓坏了，那牛一疯起来，谁都拉不住啊。没想到，许褚镇定地走出来，眼尖手快地抓住一条牛的尾巴，硬是把牛拽出了一百多步远，这份气势和力气把黄巾军的人都震慑住了。经此一事，许褚的勇猛之名顿时威震淮、汝、陈、梁几个周边郡县，谁听了他的名字都很畏惧。

后来，曹操带兵平定了淮、汝等地的黄巾军，许褚听说了这事就带了原来一起抗敌的兄弟投靠了曹操。这时正是曹操招兵买马急于扩张势力的时候，一听说这有名的许褚来投奔自己，十分高兴，等见到了许褚本人，曹操更是喜上眉梢，称许褚为自己的"樊哙"。

曹操旗下智者能人无数，也正因为人多，其中也不乏一些不满曹操而想要背叛谋逆的人。有个叫徐他的谋士就是，他和其他一些不满曹操的人一起谋划想要谋杀曹操，但是因为许褚常伴曹操左右，所以轻易不敢动手。有一天许褚休息的时候，徐他等人就怀揣着小刀准备刺杀曹操，没想到这许褚为人十分警觉，这天虽是休息，但总觉得心惊肉跳，不由得让他有点担心，于是又回去守在曹操身后。但徐他等人不知道这情况，一进入曹操的营帐中，突然看到许褚还在，不由得大吃一惊！他们久随曹操，见识过许褚的勇猛和凶悍，对他是十分畏惧的。这许褚十分机警，一看他们的样子，就知情形不对，立刻先发制人，把徐他等人拿下了，果然搜出凶器，就杀了他们。从此，曹操更是宠信许褚，出出进进总是让他随行，从不离左右。

许褚不但护卫曹操有功，而且杀敌更是威猛，多次立下汗马功劳。这天他随从曹操在潼关征讨韩遂、马超。曹操决定向北进发，中途需要渡河，于是就下命令让士兵先过，自己和许褚及虎卫军留在南岸断后。这时，马超带领了一

万多的兵力来追杀曹操，一时间放出的飞箭犹如满天飞雨一样，在强大的攻势下，曹操被打得措手不及。眼看大部队的兵马已经安全渡过河去，曹操可以撤退了，许褚连忙护卫曹操上船，而这时马超这边的攻势更加猛烈，一副非要将曹操杀于此地的架势，而曹操这边还有些士兵没有来得及撤离，一看马超的攻势都急着上船想要渡河，但船的承载能力有限，一时间差点被着急上船的士兵们给压沉了。许褚见此情况，毫不犹豫地斩杀了不少还在往船上跳的士兵，减轻了船的负重。这时，船夫又被流箭射死了，许褚见情况不妙，左手用马鞍为曹操挡箭，右手推船渡河。正因为有了许褚，这船才终于到了对岸，而曹操也摆脱了飞箭的攻击。多亏了许褚，曹操才逃过一劫。过了几天，曹操与韩遂、马超对话，谁都没有带，就带着许褚一个人前去会面。当时马超以为自己很厉害，本打算趁此机会偷偷杀了曹操，发现曹操只带了一人前来，不由得有些怀疑，因为听说曹操身边有一员猛将，几次救了曹操不说，还能杀敌无数，很是了得。马超就怀疑曹操是带了这个人来，于是就问曹操："曹公的虎侯在哪里？"曹操回头用眼神示意身后的就是许褚，许褚立刻对视马超，目光十分凶猛，马超一看果然是此人，便不敢轻易动手，就此打消了偷袭曹操的念头。又过了一段时间，双方开战了，许褚果然身手了得，在激战中杀了马超，还斩下他的首级。这份战功让许褚升为武卫中郎将，"武卫"这个称号其实是从这时候开始的，而且许褚如此勇猛好像大老虎一样，就被称为"虎侯"，名传后世。

樊哙 樊哙(kuài)(前242—前189年)，沛县(今江苏省沛县)人。西汉开国元勋，大将军，左丞相，著名军事统帅，是吕后的妹夫，深得汉高祖刘邦和吕后信任。后随刘邦平定臧荼、卢绾、陈豨、韩信等，为大汉开国皇帝汉高祖刘邦第一心腹，楚汉时期仅次于项羽的第二猛将，是一位大汉名将。封舞阳侯，死后谥武侯。

董国舅衣带血诏

当年董卓杀了小皇帝刘辩改立刘协为帝,刘协就是汉献帝。后来,董卓被杀,汉献帝刘协成了诸侯争权的目标。转眼又被董卓旧部李傕与同党郭汜(sì)、张济等人挟持。因为李傕和郭汜自己和自己斗起来,刘协被迫流亡。流亡期间,刘协接二连三地被其他豪强挟持,为了摆脱董卓余部的威胁,他招来了曹操。196年,曹操迎刘协到许昌,改称许都。谁知刘协招来曹操犹如饮鸩(zhèn)止渴,他依然是一个没有实权的皇帝,曹操打着汉献帝的名号号令诸侯,妄想

利用手中的皇帝来实现他一统天下的野心，因此刘协也不过是他用来遮掩自己意图的一面旗子，所以刘协在曹操手中过得也很不好，甚至还有吃不上饭的时候，这让这位少年皇帝十分恼怒。打从他做了皇帝就没过过一天好日子，以为招来老虎撵(niǎn)走了狼，却发现老虎比狼还狠。在这种情形下，这位几经波折的狼狈皇帝又不得不为自己的将来作点打算。

汉献帝虽是被囚状态，但也是能通过手下人知道一些天下发生的大事，这位少年皇帝虽久被挟持，但并不是无所作为的昏庸皇帝。当年，献帝14岁，在长安时办过一件很值得称道的事。当时连年动乱再加上天灾不断，庄稼收成不好，粮食变得十分昂贵，饥民也越来越多。献帝得知此情况，下令开仓济民，用一些粮食做成浓粥给饥民充饥，但饥民却越来越多，于是献帝觉得奇怪，怀疑赈灾的官员没有如实赈灾而是从中捣鬼谋取私利，他后来到赈济场地亲自称米做粥，证实赈灾的官员确实有克扣。献帝十分震怒，下诏杖责负责赈灾的官员，并责问官员们。从这件事，以后负责赈灾的官员再也不敢克扣赈灾粮款了。

这就是汉献帝，虽然年轻，但做起事情来却很有分寸。而几番被挟持的经历也让这位年轻的皇帝心中有了计较。在得知天下的局势之后，刘协仔细衡量了一番，觉得自己只能是置之死地而后生，正巧刘备投奔曹操而来，汉献帝与刘备接触后，刘协更觉得这是一个绝佳的时机，不妨再借用刘备的势力来制约曹操，进而使自己得以脱困。于是，刘协忍痛咬破手指，用手指写下了慷慨激昂又声泪俱下的讨逆诏书，希望可以引来诸侯大臣的救援。诏书完成后，如何将诏书送出去成了一个非常关键而且非常危险的问题。平日里，曹操虽在人前对皇帝是有礼有度，但私下里对这位皇帝是严加看守，并不让人随意接见和接触。在可用的有限资源中，刘协虽无兵权，却有几位妃嫔，其中董贵人的父亲董承就是一员武将，又对他忠心耿耿，于是，刘协任命董承为车骑将军，平

时也多召他入见。董承是国舅,曹操也不好不让他见皇帝,这就让刘协找到了一个机会将血诏偷偷交给了董承,董承自然知道其中利害关系:如果此事成功,那么皇帝重掌天下,他这位国舅自然更有威势。董承连忙将血诏藏于衣襟怀中。翁婿二人又商讨了好一阵子,衡量有哪些诸侯大臣的势力可以借用,哪些军阀武将需要提防。

原本刘协是打算借用刘备的势力和影响,刘备此时虽然尚没有建立自己的一方事业,但和张飞、关羽一起,他们的影响也越来越大,何况刘备又是汉代皇族刘氏的后人,自然会更加倾向皇帝,匡扶正统的权势。所以,董承出去肯定是要联系刘备及其他一些蠢蠢欲动的势力好一起诛杀曹操。而这时的刘备正被曹操邀约来赴宴,酒宴上,曹操酒兴正浓,对刘备说道:"当今的天下可以被称作英雄的只有你我二人,袁绍等辈根本不够资格称英雄。"这番话让刘备明确了曹操的野心,不由得权衡利弊,恰逢董承暗中来访,迫使他答应与董承、长水校尉种(chóng)辑、将军吴子兰、王子服等准备一起凭诏诛杀曹操。不想,这番计策被董承家奴知道并向曹操告密。曹操大怒,刘备逃走,董承等都被曹操一一杀害。曹操搜出血诏怒不可遏,带兵进入刘协住处,要求刘协交出董贵人,当时刘协软言应对说董贵人已怀孕,不便出见。却不想曹操恨极,想要杀鸡儆猴,派出士兵将董贵人由后宫搜出,并当着汉献帝的面杀了她。经此一事,汉献帝刘协惊吓得失魂落魄,再无反抗之举。

汉服 汉服的主要特点是交领、右衽、束腰,用绳带系结,也兼用带钩等,给人洒脱飘逸的印象。从款式上看,主要有"上衣下裳"式(裳在古代指下裙)、"深衣"式(把上衣下裳缝连起来)、"襦裙"式(襦,即短衣)等类型。其中,上衣下裳的冕服为帝王面见百官时穿着的最正式的礼服;袍服(深衣)为百官及士人常服,襦裙则为妇女喜爱的穿着。普通百姓一般上身着短衣,下穿长裤。

"小霸王"孙策知人善用

在各路诸侯中,曹操逐渐形成了自己雄厚的势力并且逐步占据北方大部分地区,而曹操在控制了汉献帝之后更是雄霸一方,这时在江东地区有一股势力在逐渐崛起,那就是孙坚及其孙氏一族。孙坚曾是东汉末期各方争霸诸侯中的一支强大势力,只是孙坚英年早逝,但孙氏的后人却并不气馁,而且在这乱世中逐渐强盛起来,最终成为了三国鼎立中的一霸。

孙策是孙坚的长子,长得高大英挺又俊美帅气,说话幽默,性情豁达,知人善用,当地的百姓都很拥护爱戴他。父亲孙坚去世后,孙策继承了父亲遗志,携其部下南征北讨在江东建立了强大的功业,世称"小霸王"。虽说孙策智勇双全,但能够建立强大的功业也和他知人善用有很大关系,从以下这个故事中就能看出来。

像很多将帅都需要谋士一样,孙策也明白要成就霸业必然要网罗天下豪杰,只有集结更多仁人志士才能创下绝世霸业。当乱世之时,各地都有不少名士,听闻名士张纮(hóng)在江都,孙策连忙前去拜访,和他探讨天下大势。身为将帅之后,孙策耳濡目染,对天下局势早有主见,面对胸有丘壑的张纮,难免有遇到知音之感,孙策不由得滔滔不绝,畅谈自己的看法:

"当今汉室衰弱,诸侯争霸,天下大乱,民不聊生。各方诸侯拥兵自重,只想壮大自己的势力却没有为天下苍生着想。先父与袁氏兄弟共谋铲除乱臣董卓,没想到没等事情成功就被黄祖杀害。我虽然还年轻,见识也少,但却想继承先父的遗志,成就一番大事业。可目前我手上无兵又无权,想要成就大事必须要有兵马,先父的残余部将都在袁术那里,如果我先去袁术那里请求接收先

父旧部,然后到丹阳舅舅吴景那里收集一些流散的士兵,再去吴郡、会稽为先父报仇雪恨,同时站稳脚跟,做大汉的外围护墙。您觉得可以吗?"

张纮连忙摇头推说:"我见识少,何况又在服丧期间,对于您的宏图大业,我实在是帮不上忙。"

孙策知此人是难得的人才,如果光讲道理还是不能说服他,那就用真情去

感动他，说道："先生过谦了，您的大名四方皆知。我对您的仰慕也是由来已久，今天对您说的话都是我的肺腑之言，能不能成功都在您的一句话之间。请您一定要帮助我，将来我成就大业，报仇雪恨之后也绝不会忘记您的教诲！"说到这儿，孙策不由得想起自己的父亲，顿时双目含泪，语音哽咽。张纮见如此俊朗有志的少年流露真情，非常感动，终于说道：

"周朝末年，也是王室衰微，朝廷大乱，齐桓公和晋文公才有机会称霸诸侯。如果王室强盛，各地诸侯也只能安分地贡奉皇帝，尽臣子的职分。"

沉默片刻后又道："您虽年少但承继了你父辈的英勇豪气，又骁勇善战，如果您真能忍辱负重，沉住气，先暂时待在丹阳，然后再找机会将您父亲的旧部召回，那么就可以扫平荆州、扬州，报仇雪恨也自然指日可待。到了那时候，您凭借这长江天险，固守一方，对内促进生产，让百姓安居乐业，对外可扫平乱臣，震慑诸侯，辅佐王室。那么这份功业也绝不会低于齐桓公、晋文公，您最终也一定会流芳百世，又岂止是成为雄霸一方的诸侯呢？"说到最后，张纮也不由得慷慨激昂起来，接着又说道：

"眼前正是乱世，如果您想建功立业，确实应该到长江以南去发展。将来如果您有需要，我会与一干好友一起去追随您、支持您。"

听到这番话，孙策受到鼓舞，立即信心百倍，对张纮拱手说道："一言为定！我马上行动。不过，我上有老母下有幼弟，不方便跟我一块走，现在都托付给您。希望您多加照顾，我就没有了后顾之忧。"张纮见孙策如此坦荡又信任他，也没有推辞。二人分开之后，孙策回家拜别家人就赶赴寿春，前去见袁术。后来孙策果然成就霸业，也重用了张纮，张纮一直帮孙策坚守后方，使孙策横扫诸侯而无后顾之忧。

孙策逐渐建立起自己的势力后，左有张纮，右有张昭。张纮、张昭合称"二张"是当时有名的谋士，他们都是被孙策感召到旗下效力的。后来孙策任命张纮为正议校尉，任命张昭为长史。他们二人，张纮居守，保护孙策的大本营，张昭则随从孙策左右征讨天下。张昭善谋又耿直不阿，敢于直谏，一路上为孙策出谋划策，贡献极大。而孙策对张昭更像是对待老师和朋友一般，善于采纳张昭的建议。因为孙策的势力越来越强大，后方守地的很多士大夫都觉得这都是张昭辅佐有功，不断赞誉张昭，使张昭在吴地拥有很高的声望。这事让耿直的张昭感到很为难，臣子居然功高盖主，这岂不是会让孙策很不高兴，对他也很不利。而孙策得知此事后却豪迈大笑，对左右说道：

"这不是很好吗？从前齐国的管仲就是因为这样被人们称为'仲父'，而他也确实辅佐了齐桓公成就了霸业。现在张昭贤能，人们都夸赞他的能力，而我能够重用他，这不正说明我能像齐桓公一样任用贤能成就霸业吗？"

得知孙策如此说，张昭更为感动，不但尽心辅助孙策，而且在孙策托孤后更加尽职尽责地辅助孙权，尽心尽力出谋划策帮助孙权延续了前人基业，更是协助孙权造就了三国鼎立之一的强大吴国，是吴国开国功臣，其贡献对孙吴来说可谓巨大。

不过，通过这两件小事，也可以看出，"小霸王"孙策不但在战场上所向披靡，在用人上也是知人善用，这就为孙吴的强大奠定了更坚实的基础。

因长江在安徽境内向东北方向斜流，而以此段江为标准确定东西和左右。所指区域有大小之分，主要指芜湖、南京一带，也可指以芜湖为轴心的长江上下游南岸地区，文化意义上也包括江北临江的滁县、六合、来安等地，即今皖南、皖东、苏南、浙江北部以及今江西赣东北（东部）地区。古代是南北往来主要渡口所在的江段，习惯上称自此以下的南岸地区为江东。也指三国时吴国孙权统治下的全部地区。

辕门射戟

扫码查看
- 中华故事
- 典故趣闻
- 能力测评
- 学习工具

孙策逐渐站稳江东之后，袁术眼看着他的势力越来越大，心里有了顾忌，本来想趁孙策翅膀还没长硬先灭掉他，但袁术旗下的谋士提醒了袁术，他还有曹操、刘备这样的隐患，袁术暂时放过孙权。这个时候刘备占据着徐州，吕布把守徐州下面的小沛。原本吕布杀了董卓逃走之后，曾经投奔袁术，后来又因为属下怂恿入住兖州，却不料在与曹操的几次争夺中败下阵来，于是又投奔了徐州的刘备，刚投奔没几天就趁刘备攻打袁术之机夺取了徐州下属的小沛，刘备本来怒斥吕布的不仁不义，后被曹操劝解了。所以，刘备驻守徐州，吕布驻守小沛。袁术见此，一方面派出大将纪灵前去攻打刘备，另一方面又派人私下去劝诱吕布。吕布收了袁术不少好处，心思早动摇了，于是趁着刘备迎击袁术部队的时候，带兵前去下邳(pī)(江苏省睢 suī 宁西北)。当时下邳正是刘备驻兵的地方，而这时刘备出兵不在城内，张飞一看是吕布也没多加提防，却不想吕布带了兵马直接冲进了城里，说要占领下邳，张飞这才知道这吕布又反叛了，连忙带着余部前去通知刘备。刘备得知此情况也没办法分出兵力来对付吕布，只能好言好语地安抚吕布，又同意把下邳让给吕布。而吕布得了便宜还卖乖，占据了下邳还要向袁术要好处，没想到袁术食言，不想给他好处了。吕布下属劝吕布，对付袁术单靠他也不行，最好还是拉上刘备一起联合对抗袁术。于是，吕布让刘备驻守小沛，以牵制袁术，并让袁术有所顾忌。袁术见此，为了拉拢吕布，又给了吕布不少好处，这吕布收了好处，又答应帮助袁术。然后，袁术派纪灵带领3万大军准备一举击败刘备。而刘备这边也无可奈何，兵力太少，势力单薄，只能不断求救于吕布。吕布也知道，有了刘备才能牵制袁术,而袁术的存在也会让刘备依赖他,所以这两股势力都少不得。于是,吕布就邀请了袁术这边的大将纪灵,又邀请了刘备前去他的驻地议和。

纪灵和刘备都分别来到吕布营内赴宴,吕布坐在双方中间,吩咐开宴。喝了几杯酒后,吕布看二人都互有戒备,于是开门见山地说道:"刘备是我的朋友,袁术也是我的朋友,看在我的面子上,你们两家就不要打了。"纪灵听了,起身抱拳道:"末将是奉命行事,不敢私自做主。"见纪灵口气颇硬,吕布没有直接回应,而是冲着门外卫士大喊道:"把我的画戟拿来。"这突然的一声大喝倒把纪灵和刘备都吓一跳,不由得全身警备。这时,就见吕布站起来,看也不看他们二人,而是命令士兵把他的画戟插到辕门外的空地上,然后站定在帐前,又叫士兵送上一副弓箭,待拉满强弓,准备射箭的时候,对着纪灵和刘备二人说道:"这辕门离帐前大约一百五十多步远,如果我这箭射中了画戟上的小枝,你们就都罢兵;如果是射不中,你们再开打。如果不听我的劝告,那就是不给我面子,可别怪我不讲义气。"纪灵一听,没有多言,心里寻思:"这么老远的距离,八成是射不中的,也不知道这吕布玩的是什么花样?"但是纪灵也确实怕这吕布真的就借此和刘备联合,那样就麻烦了,而且形势也会对他不利,所以纪灵没有出声反对,也是准备看看吕布这葫芦里到底卖的是什么药。而刘备自然是希望能够化干戈为玉帛,因为他目前根本没那么多兵力可以对抗袁术。就这样,这两人都没出声反对,吕布就眯着眼睛瞄准目标,放箭了。"飕——"就见飞箭过去,一下就射中了画戟的小枝上。当场,所有吕布旗下将士见了无不齐声叫好,而纪灵和刘备也不得不赞叹这吕布确实能耐,这么远的距离还能准确击中,吕布得意大笑,然后趁机说道:"既然天公作美,那就请两位不要再打了。"说完就喊来手下上酒庆贺。见此情景,刘备自然心里松了一口气。纪灵见此情况也不好多说什么,只能带领军队灰头土脸地回去禀告袁术。袁术知道此事后十分气恼,本想直接出兵拿下吕布,后来转念一想,吕布如此善变,墙头草两边倒,也许不用亲自出手就可以除掉吕布。而后来吕布果真左右摇摆在各方势力中,自取灭亡了。

辕门 最早古代帝王巡守、田猎时,只住在险阻的地方,用车子作为屏藩。出入之处,仰起两辆车子,使两车的辕相向交接,形成一半圆形的门,叫做"辕门"。后指军营的大门或行馆,即长官战场司令部或官方的衙署。是古代将帅在战场驻扎军营的大门,即于宿营处用车围作屏藩,又仰两车使辕对峙如门。后来也指王侯或长官外出止宿时,设在野外的行馆或办公处,又叫行辕。

忠孝太史慈

孙策招揽天下豪杰，除了张纮、张昭等谋士外，更因为机缘凑巧得了一位忠孝仁义的猛将——太史慈。

太史慈擅长射箭，例不虚发，是真正的神射手。自小就十分好学，后来做了当地太守的奏曹史，所谓奏曹史就是负责向上报告当地情况的人。当时地方上出了一件事，太守和刺史发生了矛盾，其中是非曲直也说不清，当时断案大多对能够先禀报的人有利。听说刺史先派了人去上奏，太守恐怕落后，于是选了太史慈前去送奏章。太史慈日夜兼程，抄小路到了洛阳。但他并没有直接去上奏，而是在洛阳驿站门口等候，等见到刺史派来的人之后才开始要求上奏。向驿站的人说明来意后，驿站的工作人员让他们等候一下，自己先去通告一下，在等候接见的时候，太史慈知道其中的利害，于是假装不认识刺史那边的官吏，前去问候说："您也是来洛阳上奏的人吗？"对方答道："是呀。"太史慈又问："那您的奏章在哪里？"对方答道："在车上啊。"太史慈于是眼睛一转，计上心来，便问道："奏章可是给朝廷看的，你确定奏章题目署名都没有问题吗？要不拿来再检查一下？"对方一想也是，慎重一些更好，于是上车把奏章拿了过来给太史慈看看。没想到太史慈早就藏了一把小刀在怀里，拿过奏章就用刀戳坏了。对方一看，大吃了一惊，高声喊道："有人毁坏我的奏章。"太史慈连忙上前捂住对方的嘴，将对方带到无人的地方，小声跟他说："如果你没有把奏章拿给我看，我也不能把它弄坏，如果此事若是传出去，恐怕你也脱不了干系。与其同罪，坐以待毙，不如咱们一起逃走，至少可以保下性命，也不必受什么刑罚。"对方听此话，有些疑惑："你为了太守毁坏了我的奏章，你已经成功了，怎

么还要和我一起逃亡?"太史慈回道:"当初太守只是想让我来看看你们的奏章是否是先上奏的,但我却做得太过火,把奏章都给毁坏了,如果回去恐怕也会受到责罚,不如干脆和你一起逃走。"对方听了也觉得有理,于是慌不择路地和太史慈一起逃了出去。等到离洛阳已远,太史慈却找机会与那人分道扬镳,又偷偷回到了洛阳。像什么也没有发生一样将奏章递了上去。而刺史得知此事后毫无办法,虽然自己先派人去的,但还不得不眼睁睁地看着自己落后于太守一步,最后上级的判决对刺史很不利。太史慈虽因此事而被世人所知,但也和刺史结下了仇怨,为了怕被报复,太史慈逃到了辽东。

后来,北海相孔融得知此事,对太史慈的机智聪慧赞不绝口,很是欣赏他,经常派人去照顾太史慈的母亲,还送一些衣食礼物。过了一段时间,孔融奉命到都昌剿杀黄巾军,不想却被黄巾军围困,一直没有脱险。这时,太史慈回山东老家来看望母亲,母亲就对他说了孔融对他们家非常照顾,又说道:"虽然你和孔北海没有见过面,但他对咱们家如此照顾,比起亲朋好友都不逊色,如今他遇险,你应该前去相助。"太史慈点头称是,在家待了3天就孤身出发去了都昌。当时都昌被黄巾军刚围困不久,所以太史慈找到空隙就进了都昌。太史慈见到孔融后,建议他带兵冲出重围。但孔融觉得太冒险没有同意,想要等待救援。但时间长了毕竟对孔融不利,于是太史慈又建议孔融派出一人出去求援。当时刘备是平原相,离得较近,刘备又以仁义著称,所以太史慈提议向刘备求援。建议虽然可行,但当时孔融被围困时日已多,外面封锁又很严密,孔融手下兵将都不愿冒险。太史慈便自荐出去求援,孔融不同意,说道:"现在外面敌军太多,这么多人都说难以突破,你虽然有这个志气,但事情做起来还是太难了。"太史慈回道:"以前您费心照顾我的母亲,我的母亲十分感激您的恩情所以才让我来救您于危难之中,这就说明我有可取之处,能够帮助您脱困。虽然大家都说难以冲出去,但我自有主意可以做到。这也是为了报答您对我

母亲的照顾之恩,请您不用再犹豫了,现在情势很危急,就让我试试吧!"孔融见他很坚决,就同意了。太史慈就即刻去作准备。等到天亮的时候,他带上弓箭上马,又做了两个箭靶捆绑在另外两匹马上,独自一人骑一匹马牵两匹马走出城门。当时围困他们的黄巾军们见他一人三马出了城门很是惊诧,于是都起身防备。但是,太史慈只是牵马到城壕边上,然后练习射箭,练习完毕,再牵马回城。第二天早上也是如此,当时城外的黄巾军只有个别起来戒备,其他都没有像第一天那么紧张了。就见太史慈还是像第一天那样练习射箭,练完之后再回城。第三天,太史慈又牵马出来,外面的黄巾军以为他又是练习射箭,就都没起来搭理他。太史慈见时机已到,快马加鞭地冲出重围。黄巾军们一看情形不对,连忙起身阻止他,但太史慈回头射箭例不虚发,射死数人,倒让黄巾军们胆颤,不太敢追赶他,就放他离去了。太史慈脱离险境后,直奔平原,找到刘备言辞恳切地说:"我本与孔融没有亲戚关系,也不是同乡的朋友,只是因为仰慕他的为人,也是为了救人于水火的义气,知道他被围困,孤立无援,危在旦夕就前来帮助他,但毕竟力量微薄,于是冒着生命危险孤身突破重围前来求救。久闻您的仁义之名,听说您常常救人于危难之中,希望能得到您的援助,救孔北海脱困。"刘备听后,感动于太史慈的义气,答应救援,于是派了三千精兵随太史慈前去都昌救援。当时黄巾军也不过都是一些流散的农民组成,得知有大批正规军要到,就都逃散了。孔融于是脱困而出,对太史慈是更加欣赏和看重。事情过后,太史慈又回到老家去告知母亲,他的母亲十分欣慰。

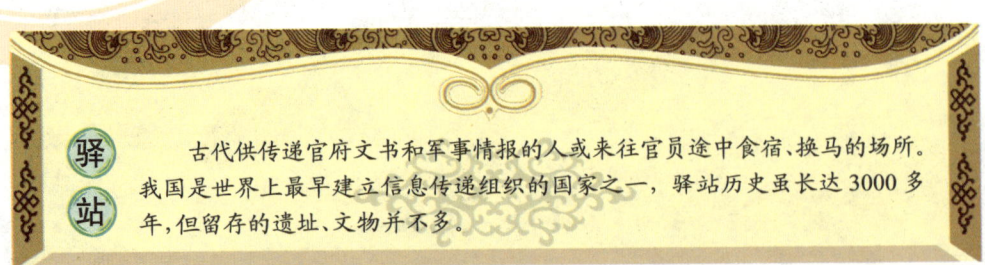

驿站 古代供传递官府文书和军事情报的人或来往官员途中食宿、换马的场所。我国是世界上最早建立信息传递组织的国家之一,驿站历史虽长达3000多年,但留存的遗址、文物并不多。

关公怒斩颜良

曹操、孙策都是东汉末年趁乱世逐渐雄起的一方势力,同时期还有一股强大的势力就是袁绍、袁术兄弟的袁氏一派。因为当时各方势力都雄踞一方,而彼此之间又都想夺取对方地盘,消灭对方势力,然后称霸天下,所以大大小小的势力团伙之间总是纷争不断,战争频发。在连年的征战中,袁绍和曹操两军首先强大起来,为了占据黄河地区,建安四年,袁绍发动大军攻打曹操,由此开始了中国历史上著名的官渡之战。

由于袁军的兵力远远超出曹军的实力,原本曹操部下很多将领都认为不能与袁军对抗,但曹操却另有看法:"我了解袁绍的为人,他虽然志气远大但才能有限,看似很厉害但实际很胆小,对下属多猜忌又少恩德,现在他兵马众多却分工不明确,到时,即使他下令,军队也不一定就按他的命令行事。"于是,曹操采取了巧妙的战略,集中优势兵力去把守重要关隘,守株待兔。正在曹操筹谋对付袁绍大军的时候,刘备偕同关羽、张飞在下邳集结了众多的兵力,一举攻下了沛县,并驻扎在沛县。这一举动无疑是在告知曹操,刘备准备联合袁绍反对曹操。因为沛县位于曹军与袁军争战的后方,如果刘备这时反曹,曹操就会前后受敌,两面被夹击。面对此种局势,曹操当机立断,带领一批精兵,攻破沛县。破城之际,为了保护刘备撤离,关羽掩护刘备时不幸被曹操抓住。刘备直接投奔袁绍去了,而关羽则被曹操活捉。对于关羽,曹操早就听闻他的大名,在跟随刘备时,曾经挥刀斩杀兵将无数,而他的战马更是助关羽多次凯旋。这时的曹操正是用人之际,对于如此的豪杰自然更是欣赏万分,所以,曹操特别优待关羽,还封他为副将军。而关羽虽十分感激曹操的赏识,但他毕竟和刘

备有兄弟之盟誓在前,因此对曹操也仅仅是保持礼数,却时刻打听刘备的信息,准备随时奔寻刘备而去。

后来,刘备吃了败仗,离开沛县,曹操占据了沛县,没有了后顾之忧,这让袁绍也很懊恼。于是,袁绍派遣郭图、淳于琼、颜良进攻东郡太守刘延守卫的白马。这白马正是袁军渡河南下的必经之路,如果攻下白马,袁军就可轻松渡河南下打败曹军。因此袁绍特地派了几员大将全力出击,刘延支撑不住连忙向曹操求援。基于白马的关键作用,曹操亲自带领旗下将领和关羽一起奔赴白马解围。综观当时局面,曹操旗下谋士荀攸(yōu)对曹操说道:

"现在我军兵马较少不能跟他硬碰硬,但利用一些情势还是可以取胜的。主公到了延津,如果分派一部分兵力渡河去偷袭袁绍部队后方,袁绍必然收回一部分兵力去救援,这样就只能分散一部分兵力攻打白马。如果我们趁其不

备,就可以拿下颜良。"曹操觉得有理,就按照荀攸的策略行事。果然,袁绍听闻曹军有兵来袭,分出了一部分兵马来迎战。而另一面,曹操带兵直奔白马,离白马大约十多里地的时候,颜良才得知此消息,但为时已晚,只能匆忙过来应战。曹操也知道颜良的厉害,特地派了张辽和关羽前去迎战。

关羽因受曹操优待一直觉得有愧,现得知曹操要用他,立刻提起武器,骑上战马,准备冲锋杀敌。来到两兵阵前,关羽定睛一看,颜良对曹军果真是毫无防备,两军交战时还坐在带豪华车篷的战车里。关羽策马跃过拼杀的两军兵将的头上,凌空挥举大刀,在烈日下刀身反射着刺眼的光芒,用力一挥大刀,一片流光飞过,就看见颜良的头已落地。从关羽来到阵前到一刀斩下颜良的头不过转眼工夫,此等功夫和气势登时震惊了当场的两军兵将。惊呆过后,曹军士气大增,拼杀更是迅猛,袁军则群龙无首,乱作一团。而关羽再度挥刀之时,周遭袁军兵士无不胆战心惊,或者被砍成一半或者惨叫连连,稍远处的袁军兵士也都无不尽力躲闪关羽的大刀。此后的局势成了一面倒,关羽偕同张辽带领曹军继续勇猛厮杀,袁军不断败退,不久,曹军就取得胜利,解困了白马。

此战之后,关羽名声大振,而曹操的声东击西之策也使曹军以少胜多,取得了与袁军交战的初次胜利。

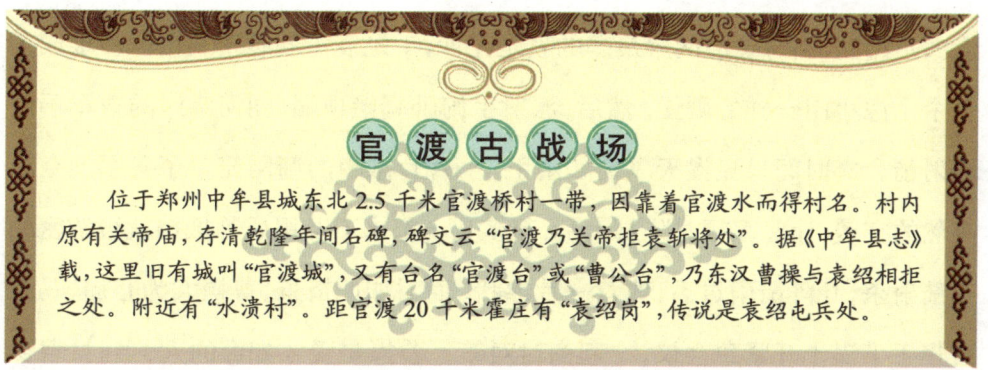

官渡古战场

位于郑州中牟县城东北2.5千米官渡桥村一带,因靠着官渡水而得村名。村内原有关帝庙,存清乾隆年间石碑,碑文云"官渡乃关帝拒袁将斩将处"。据《中牟县志》载,这里旧有城叫"官渡城",又有台名"官渡台"或"曹公台",乃东汉曹操与袁绍相拒之处。附近有"水溃村"。距官渡20千米霍庄有"袁绍岗",传说是袁绍屯兵处。

刘晔巧设投石计

关公斩颜良不过是袁、曹两方展开大战之前的小小前奏。建安四年,掌控黄河北部大部分地区的袁绍为一统黄河地区,准备通过官渡(今河南中牟东北)攻打占据黄河南部大部分地区的曹操。由此,史上著名的以少胜多的官渡之战拉开了序幕。当时,袁绍带领10万精兵南下,而曹操才2万多兵力,实力悬殊,但历时一年的战争结束后,曹操却打败了袁绍,这自然和曹操本人善于调兵遣将、运筹帷幄有密切的关系,一些关键战役也充分展示了当时曹军中的谋士们的佐世之才。

袁曹两军刚一交手,关羽就斩了颜良,袁军失利。手握重兵的袁绍并不死心,于是带兵驻扎官渡,根据官渡北部的地形,建立营地,战线绵延有数十里之长,可见其兵马众多。另一边,曹操也不示弱,占据了官渡南部,建立营地与袁军南北隔河相对。

这年9月,曹操想抢占先机,于是派兵主动攻击袁绍,不料却被打败,只能退回到了营地,坚守阵地,准备和袁军作长期斗争。被偷袭后的袁绍很不甘心,于是他手下的谋士出谋划策,在营地边缘搭建了碉堡。此碉堡与现在的碉堡大不相同,当时黄河两岸最多的就是泥沙,于是袁军就趁夜利用泥沙堆成了一个个像小山一样的碉堡。然后,派射手俯卧碉堡顶端,朝河南岸的曹军不停地射箭。霎时间只见漫天飞箭如雨下,一片片浓黑的箭网笼罩了曹军上空。突然的空袭,让曹军顿时阵脚大乱,很多兵士都来不及用盾牌抵挡就被浓密的飞箭射杀,几阵箭雨过后,曹营一片惨状。面对如此情景,曹操大为心痛,马上召集手下谋士开紧急会议,一起商讨对策。曹操是爱才如命的人,当时,曹操手下有谋士刘晔、荀攸、荀彧(yù)等人，谋士们遇见这种阵势也很意外，纷纷琢磨对策。袁军利用有利地形从高空对曹操进行"空袭"，怎样才能破了这个阵势呢？如果也像袁绍那样，筑起高台向对方射箭，敌人兵力又占优势，敌强我弱，最后肯定占不到便宜。如今敌高我低，敌众我寡，周围环境中又只有沙石……这时候，谋士刘晔眼睛一亮，计上心来。只见他拱手对曹操说："主公，我想到一计……请主公定夺。"就见曹操听后大喝一声："好！"即刻下令，顿时曹营后面的士兵们忙碌了起来，劈竹、砍木、堆石，好不热闹。

　　刘晔想到了什么计策呢？其实这位谋士的出身就很不简单。刘晔是汉光武的儿子阜陵王刘延的后人，算来也是王室子弟。他的父亲是刘普，母亲生有两个儿子，刘晔是次子，哥哥叫刘涣。刘晔七岁的时候，哥哥九岁，母亲在这时因为病重，弥留之际，母亲把刘涣、刘晔都叫到床前，对他们说："你们父亲身边的那个侍从心怀鬼胎，以后恐怕会对你们的父亲不利，到时会祸及你们。如果你们将来长大了，有能力除掉这个祸患，那我死也无憾了。"说完就去世了。当时刘晔兄弟二人恸哭不已。

刘晔虽年少但对亡母的遗言丝毫不敢忘记,同时一直留心母亲说的那个侍从,果然发觉那人总是鬼鬼祟祟的,但刘晔觉得自己人小言轻,就一直忍耐而没有任何举动。等到刘晔13岁的时候,对哥哥说:"母亲过世时的遗言现在可以执行了。"刘涣回道:"好。"随后,刘晔就奔入内室,杀了那个侍从,然后带着侍从的人头去母亲墓前拜祭。其他的侍从见此情况十分惊慌,连忙去禀告给刘晔的父亲刘普。刘普得知刘晔无故杀人之后,十分震怒,于是派遣其他下人找到刘晔并捆绑了回来。刘晔被抓回后,面对父亲,跪下陈述缘由:"父亲,这是母亲最后的遗嘱,儿子不敢不遵守,请您惩罚我吧!"刘普大吃一惊,又详细问了刘晔缘由,刘晔将母亲的遗言以及自己所见一一说出。后来,刘普据言索查,确实有此事,惊异于刘晔如此年少就有此胆识,于是放了刘晔。当时,有位名人得知此事后,称刘晔有佐世之才,以后必定不是池中之物。

那么,刘晔到底给曹操

出了什么样的计策呢？对付袁军的利箭，曹军又如何应对呢？经过几个日夜的奋战，曹营后面的准备工作终于结束了。第二天，只见从曹营后方推出来了数十辆战车，但此战车与常见的战车不同，车身上都有一些支架和长杆，长杆一头是网兜形状，一头是绳索，中间则绑在战车的支架上。袁军初见此物，都觉得奇怪，不由得暂停举动，静观其变。这时，就见曹营后面又推出几车大石头。曹操见战车都已经部署完毕，于是下令部将开始攻敌。就见士兵们分作两队，有两人向网兜里搬装大石头，有一小组人一起往下拽绳索，于是，在长杆的一起一落间，大石头飞过黄河直击袁军的沙堆顶部，将袁军的弓箭手们砸得是血肉模糊、惨叫连连。由于，战车各个部分都是连接的，在使用时总是发出阵阵雷鸣般的声音，吓得袁军们四处逃命，大呼："霹雳车来了，霹雳车来了。"投了几次之后，就见袁军高耸的碉堡差不多都被毁掉了。两军阵营隔着一条大河，只有弓箭可攻击对方，这么几车大石头砸了下来，不但将弓箭手砸死砸伤无数，而且将本作为碉堡的沙堆也几乎全部摧毁，一时间袁军阵内是人仰马翻，阵脚大乱。由此，投石之计彻底粉碎了袁绍的空袭之策。刘晔的计策起到了出奇制胜的效果，充分显示了刘晔的谋事之才。

　　这次的反击不仅挫败了袁绍的诡计，也让曹操有了更多的时间来据守官渡，对曹操后面战斗的胜利起了关键的作用。

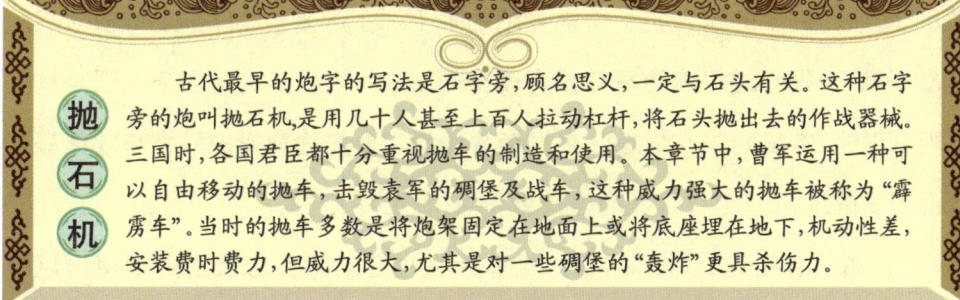

抛石机　古代最早的炮字的写法是石字旁，顾名思义，一定与石头有关。这种石字旁的炮叫抛石机，是用几十人甚至上百人拉动杠杆，将石头抛出去的作战器械。三国时，各国君臣都十分重视抛车的制造和使用。本章节中，曹军运用一种可以自由移动的抛车，击毁袁军的碉堡及战车，这种威力强大的抛车被称为"霹雳车"。当时的抛车多数是将炮架固定在地面上或将底座埋在地下，机动性差，安装费时费力，但威力很大，尤其是对一些碉堡的"轰炸"更具杀伤力。

乌巢烧粮

扫码查看
- 中华故事
- 典故趣闻
- 能力测评
- 学习工具

建安五年，曹操和袁绍两军在官渡相持不下，但曹操势单力薄，袁绍兵力雄厚，打持久战对曹操十分不利，虽然前几次的交锋袁绍没有讨得便宜，但两军人员都有伤亡，而曹操这边又主要是分兵把守要塞，更感觉兵力不足。这时，袁绍从黄河以北运来了粮草辎(zī)重等所需物资一万多车，浩浩荡荡地囤积在乌巢（今河南延津东南），并派大将淳于琼率重兵看守。两军作战粮草很重要，尤其是有些战役不断转换战场，战线很长，还有些战役耗时很久，一时半会儿都不会回大本营。所以，统帅们都知道粮草重要，大多会把粮草储备在后方，并派重兵把守。

粮草充足的袁绍更是胜券在握，于是对曹操发起了猛烈的攻击。而面对连续作战又不断减少的兵力，曹操十分头痛，多次召集谋士进行商议。正在这时，袁绍的谋士许攸投奔曹操来了。曹操听说许攸来投，非常高兴，亲自出帐相迎。许攸为什么要投奔曹操呢？原来，袁绍手下谋士众多，许攸效力袁绍之时曾多次进言，但袁绍都没有太听他的话，这让许攸感觉自己无用武之地，同时，许攸本性比较贪婪，十分喜爱财物，在袁绍手下做事，虽然待遇优厚，但许攸仍然不满足，而这时许攸的家人犯了事被袁绍的手下抓了起来。这件事上许攸对袁绍非常不满，一狠心逃出袁绍军营投奔曹操而来。许攸虽然贪财但为人很是精明也很有谋略，本是两军作战之际来投奔曹操肯定要先为曹操做件大事才能赢得自己未来的地位。面对曹操的盛情款待，许攸心中有数，问曹操道：

"您知道袁绍这么雄厚的兵力是靠什么维持的吗？您目前的粮草可以维持兵力多久呢？"

曹操细思后答道:"还可以支撑一年。"

许攸驳斥道:"不对,请您说实话!"

曹操笑了,回道:"大约可以支持半年吧。"

许攸假装不太高兴,说道:"难道您不想打败袁绍吗?怎么不说实话呢?"

曹操见此情况,慎重地回道:"刚才是开玩笑呢,其实所有粮草加在一起也就够一个月可用。您有什么办法呢?"

许攸这才缓过脸色,慢慢说道:"您孤军作战,独守官渡,再没有其他救援,眼下粮草都快用完了,这对您十分不利。就我所知,现在袁绍辎重大约有一万多辆车,囤积在乌巢,虽有重兵把守,但戒备不严。如果今天您率领轻装部队出其不意地偷袭乌巢,再一把火烧了它,不出三天,袁绍肯定会被您打败。"

听到许攸这番计谋,曹操大喜过望,连忙下令召集精兵,亲自率领军队前去乌巢偷袭。

快到乌巢的时候,曹操下令旗下兵士都改穿袁军的服饰,打着袁军的旗帜,慢慢接近乌巢。同时,命令兵士将马匹都封上口,不让马匹

发出声音,而士兵们则轻脚快步前行。等到天黑,曹操带领兵将从小道出来,人人都捧着干柴,这时遇到袁军的巡逻兵,巡逻兵问他们:"你们是做什么的?"曹操回道:"袁公担心曹操袭击后方,所以派我们来加强戒备。"巡逻兵认为这话有理,于是走过去了。待曹操领兵到了乌巢袁军粮草的大本营,即刻命令士兵们围了起来,并丢下干柴点燃袁军粮草。顿时大火冲天,袁军守卫们都惊慌地跑出来,还没弄明白怎么回事,曹操已经率兵杀了进来,一时间杀声震天,而袁军还有很多将士还在睡梦之中。经过突袭激战,曹操大获全胜,其间还砍下了守卫粮草的最大将领淳于琼的鼻子,杀死袁军一千多人,烧光了袁军所有粮草物资,又给自己抢了大批粮草。这边的袁绍得知曹操偷袭粮草,他的谋士就建议他趁机去攻打曹操的大营,因为这时曹操大营肯定守备空虚。袁绍觉得这个主意不错,就只派了一小队人马回去增援乌巢袁军,自己带兵攻打曹操大本营去了。在乌巢的曹操得知袁绍去攻打他的大本营,并没有返回,而是鼓励士兵一鼓作气攻下乌巢,取得了胜利,而这边袁绍大军还没有攻下曹营。曹操拿下乌巢后,即刻带兵返回大本营与袁军作战。袁绍得知粮草都没了,曹操又带兵打了回来,两面夹击,败局已定,再加上一些兵将趁机投靠了曹操,大势已去,带着儿子袁谭和大约800多残兵败将逃回了北方。

陈寿与《三国志》

陈寿(233~297),字承祚,西晋以后,陈寿曾任著作郎、治书侍御史等官职。太康元年(280),陈寿搜集魏蜀吴的史料,终于写成《三国志》。《三国志》共65卷,分"魏志""蜀志""吴志"。全书取材严谨,文笔精练,记事比较真实,不但记述了三国政治、经济、军事方面的重大事件,还记录了一些少数民族以及邻国的历史。《三国志》与《史记》《汉书》《后汉书》并称为"前四史"。

铜雀台上文姬绝唱

曹操灭了袁绍和袁术之后，住在邺城，有一天半夜梦见一片金光从地上发出。第二天，曹操命人将昨晚梦到金光的地方挖开一看，挖出一只铜制的孔雀，众人都称奇，当时荀攸说道："古时候舜的母亲梦见玉孔雀飞入怀中，后来生下舜。今天能够挖出铜孔雀，看来也是一种吉祥的征兆。"听了这话，曹操非常高兴，于是决定在漳水上建造一座铜雀台，用来纪念他平定四海的功德。

后来铜雀台建成了，此台高出平地十丈，台上还盖有楼宇，气势恢宏。曹操经常在铜雀台上大办酒宴，让臣子和儿子们在这里吟诗作对，当时文风十分盛行，许多文人志士都在铜雀台上留下不朽的诗篇。其中最特别的是一位才女，在铜雀台上以一曲《胡笳(jiā)十八拍》唱出了自己的一生和当时社会的种种现

状,被后世传为经典。这位女子就是蔡文姬。

说起来,蔡文姬是曹操的老师蔡邕的女儿,蔡邕是当时东汉末期很有名的文学家和书法家,曹操曾经拜在他的门下。后来,蔡邕因有怀念董卓之意被王允杀死。之后蔡文姬也因为战乱被董卓余部的一些胡人掠夺到匈奴,做了南匈奴左贤王的妻子。就这样,蔡文姬一个文弱女子被迫留在匈奴12年,在这期间她生了两个儿子,但是在匈奴那边住的是帐篷,吃的是牛羊肉,穿的是毛皮衣服,这些与中原不同的生活方式让蔡文姬十分痛苦,又是被迫嫁给左贤王。在痛苦的生活中,蔡文姬十分想念中原。而此时曹操经历赤壁惨败,回到了北方,经过几年的整顿,重新建立了自己的势力,在北方的威望十分高。匈奴为了安全,讨好曹操,愿意与曹操建立良好关系。这时候,曹操想起了老师的一位女儿蔡文姬好像流落到了匈奴,于是派人前去打探,果真在匈奴,又花重金将蔡文姬赎了回来。就这样,历经12年的磨砺,蔡文姬终于回到了自己心爱的家乡,但同时她又远离了心爱的孩子,这让这位母亲不由得十分悲痛。于是,在曹操邀约她登上铜雀台参与酒宴的时候,蔡文姬唱出了千古绝唱《胡笳十八拍》。

这段曲调的形成,既是她悲苦前生的写照,又是当时社会现象的反映。而曲调糅合了中原琴音和胡人的胡笳,表现了蔡文姬身在匈奴思、归乡思子的凄楚和怨气。

蔡文姬是当时有名的才女,既擅长音乐又博学多才。她小的时候听到隔壁父亲抚琴,居然从琴声中听出有一琴弦断了,她父亲以为是她碰巧猜中的,又偷偷掐断一根琴弦继续演奏,问她是哪根弦断了,没想到她也听了出来。可见,她的音乐天赋极高。

火烧博望坡

官渡之战后，曹操打败袁绍，大获全胜，于是想乘胜追击，将刘备这一隐患也消除掉，刘备急忙派糜竺(mí zhú)、孙乾前去向刘表传达想要依附之情，刘表很是欢迎，亲自率人在郊外等候迎接刘备，可见对刘备的重视。刘备在刘表那里，礼贤下士，很多贤能人士都渐渐归附了刘备，尤其是到了荆州，很多英雄豪杰都争着投奔刘备，于是刘备的兵力逐渐增强起来。而这个现象让刘表很不安，刘备的强大最终会威胁到他，而且刘表有次宴请刘备，在宴会上听刘备说自己大腿内侧赘肉很多，感慨自己年纪渐大但功业未建，满腔的理想抱负也怕没有机会实现了。由此可见，刘备绝不是一个会长期寄人篱下的人，几番思量之后，刘表请刘备攻打曹操。因为刘备暂时还是依附于刘表，既然刘表请他攻击曹操，也就不好推托。这样，刘备带着自己的军队向北准备攻击曹操。这边的曹操得知刘备率兵来攻，有种"踏破铁鞋无觅处，得来全不费功夫"的窃喜，立即派夏侯惇、于禁等领兵南下，迎战刘备。

当两军相遇之后，还没有交战，刘备拔腿就跑。见刘备逃跑，夏侯惇等自然是领兵直追，一直到了博望坡，才看到刘备停了下来，还派人前来叫阵。夏侯惇看刘备带的不过是自己的一些兵将，根本无法和自己数万大军相比，于是求胜心切，催着士兵加紧攻击。可是刘备知道自己兵少，于是就采用了诱敌入阵的计策，在和夏侯惇交战时，打一会就假装逃跑，等夏侯惇追来又迎战，但打一会就又逃跑，反复几次就把曹军引到了博望坡的深处。博望坡三面环山一面靠水，地势险要，易守难攻。而这边夏侯惇与刘备交战了几次都是刘备虚晃一枪就逃，所以他很瞧不起刘备。见刘备兵马都进入了博望坡的密林中，他自

然想继续追上，但这时他的副将李典觉察有些不对劲："刘备总是这样虚打一下就跑，恐怕是在引诱咱们。前面道路狭窄，周围树木茂密，恐怕会有埋伏，不能再追了。"但夏侯惇觉得乘胜追击可以一举歼灭刘备，这可是大功一件，何况刘备目前实力也就如此，自己则兵将众多，不怕刘备耍什么阴谋诡计。于是带头冲进了博望坡。但进入博望坡后，确实如李典所说，由于道路狭窄，所以大军只能拉长阵线缓慢前行。看到兵士行进如此缓慢，夏侯惇深怕贻误了战机，便命令士兵们加快速度，边行边披荆斩棘拓宽道路。正在行进间，突然听到一阵呐喊，只见道路两边的茂林中冲出一支伏兵，这让夏侯惇大吃一惊，但他定睛一看，不由得放声大笑，原来刘备本就兵将很少，此次的伏兵也多是老幼病残，根本不是夏侯惇的对手。这种情况让夏侯惇十分得意，意气风发地对身边将领说：

"刘备的兵力也不过如此,我们还有什么可担心惧怕的!今日就要打到新野,将刘备活捉。"于是豪气顿起,指挥士兵消灭了伏兵,继续追杀刘备而去。

夏侯惇带领着大军一直在追击,这时天色渐晚,凉风也渐起。走着走着,风却越来越大了,而夏侯惇等已经走进了芦苇丛中。此等情景令副将李典和于禁越来越觉得不安,边走边防,突然李典觉得不妙,和于禁一起策马走到夏侯惇身前说道:"将军,我军现处这狭长地带,周围又都是芦苇,如果敌人用火攻击,恐怕我们都会很危险。"经他二人提醒,夏侯惇顿觉不好,即刻下令部队掉转方向回走。这时,只听得背后杀声阵阵,一片火光迅速从四面蔓延过来。原本道路就狭小,掉转方向很是费劲,曹军兵马又多,于是,火光之处哀号遍起,不少战马受惊一跃而起摔伤不少将领,而且很多的士兵都被大火烧到,还有被一些刘备的伏兵杀死,更多的是匆忙逃命间互相踩踏而死。这番混乱持续了很久,等到夏侯惇等突破了重围,逃离了火场之后,清点人马,才知损失惨重,剩下的伤兵残将根本不能再战斗。只能颓丧地带着残兵返回许昌。

此次战斗,刘备可谓是初战告捷,和曹军交手以来,第一次获得了胜利,并且在兵力薄弱的情况下,充分利用有利地形和正确的策略大获全胜,更提高了刘备的威望,也粉碎了刘表的险恶用心。

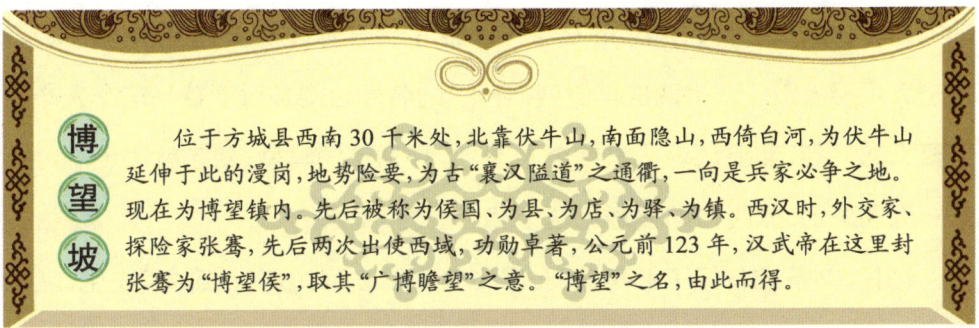

博望坡　位于方城县西南30千米处,北靠伏牛山,南面隐山,西倚白河,为伏牛山延伸于此的漫岗,地势险要,为古"襄汉隘道"之通衢,一向是兵家必争之地。现在为博望镇内。先后被称为侯国、为县、为店、为驿、为镇。西汉时,外交家、探险家张骞,先后两次出使西域,功勋卓著,公元前123年,汉武帝在这里封张骞为"博望侯",取其"广博瞻望"之意。"博望"之名,由此而得。

三顾茅庐

扫码查看
☑ 中华故事
☑ 典故趣闻
☑ 能力测评
☑ 学习工具

　　火烧博望坡后，刘备同关羽、张飞到处征战，一直是四处投奔，没有办法建立起自己的势力，后来固守在荆州很多年还没有转机，这让原本志气勃发的刘备不由得有了"髀(bì)肉之叹"。

　　207年，原本曾为刘备效力的徐庶因曹操抓了他的母亲，迫不得已投奔了曹操。徐庶临走之前曾对刘备说："有一人名叫诸葛孔明，被人称为'卧龙'，不知道将军愿不愿意去见见他？"刘备对徐庶十分看重，心知徐庶推荐的人肯定不同寻常，而此时刘备正是求才若渴，所以十分高兴地回道："先生可以请他过来。"徐庶说："将军不知，这个人只能是您去求见，却不能召唤他过来。将军求才若渴，何不屈尊前去请他出山？"听闻此话，刘备越来越觉得此人非同寻常，于是细问了徐庶那人的住处，准备择日前去拜访。在拜访诸葛亮之前，刘备在荆州也是没有其他事情，就是多方求贤纳才。听说荆州有一位号称"水镜先生"的司马徽十分贤能，刘备亲自拜见了"水镜先生"司马徽，与司马徽的相见让刘备不虚此行，虽然司马徽为人淡泊名利不想做官发财，但他结交了不少天下名士，徐庶、诸葛亮、庞统等都曾经与他相交。所以，对于刘备这样礼贤下士的人，司马徽就极力推荐了"卧龙"和"凤雏"。当时有传言说："'卧龙'、'凤雏'得一者可得天下。"三番两次都听到"卧龙"的名号让刘备对诸葛亮这个人产生了极大的兴趣，非要认识认识这个人不可。拜别了司马徽，刘备就决定一定要选一天和关羽、张飞一同去拜见这个"卧龙"。

　　这日，刘备准备好了就同关羽、张飞等人前去拜访那位"卧龙"先生，就来到了南阳城外的卧龙岗。初到卧龙岗，只见环山绿意盎然，再往深处是纵横交

错的梯田，男耕女织悠然自得，好一派平和景象。问过路上的农夫后，一行人来到了诸葛亮的住处。叩门询问半天才知道，诸葛亮出去了还没回来，大伙坐等很久之后还没见他回来，只能无奈地回去了。第二天，刘备又带着关羽、张飞前来拜见，结果还是没遇到诸葛亮。刘备颇为失望，而关羽开始有些担心，怀疑这个人是不是真的如徐庶、司马徽所说那么有能耐，张飞性急早就生了气，嚷嚷着要拿绳子把这个诸葛亮绑回去。但是刘备却不像他们二人，虽然两次都没见到诸葛亮，但刘备依然觉得这个"卧龙"很不简单，于是过了几天又带着关羽、张飞前来拜见。这次诸葛亮终于在家，此时正好是中午，他正在午睡。刘备连忙让关羽、张飞不要大声喧哗，三人静坐在屏障外等候。等诸葛亮醒来，知道刘备已来过三次，见刘备十分诚恳，就邀请刘备三人进屋坐于榻(tà)上。几番周折之后，刘备才见到诸葛亮的庐山真面目，非常想让他分析一下当前的局势，于是拱手道明来意：

"当前汉室衰弱，奸臣当道，皇上被困。我虽无德无能，却想恢复天下大义；然而我智力有限，乃至今日仍没有实现自己的志愿。但我不放弃这个志愿，不知先生是否乐意出山协助我实现这个安定天下的志愿？"

听到刘备如此微言大义，诸葛亮觉得自己隐居多年的时间没有白白浪费，终于让他遇到了一个可以让自己一展抱负的明主。欣喜之余，诸葛亮不由得对刘备等人阐述自己关于当今天下大势的看法：

"自从董卓乱政夺权以来，天下豪杰都起来抗争，各方大大小小的势力数不胜数。其中，以曹操和袁绍两股势力相对较大，曹操虽然没有袁绍的名气大，兵力也较少，但曹操还是打败了袁绍，以弱胜强，说明这个时机对他很有利。现在，曹操已经拥有百万兵力，挟天子以令诸侯，一般人无法和他抗衡。而江东由孙权占领着，这股江东的势力也不可忽视，因为江东地区前后经历了孙权祖孙三代人，而且江东地势险要，当地百姓又很支持孙氏一族，同时还有很多贤能的人

帮助孙氏,这股力量以后可以用来做同盟。荆州的北面有汉、沔两条河流,运送物资非常方便,东面连接吴郡和会稽郡,西边连通巴、蜀二郡,是一条交通要道,也是各方霸主想争夺的地方,现在刘表占领着荆州,但是刘表却没有能力保住这个地盘。可以说,这个地方就是老天特意为将军您准备的,您难道不想占领它吗?益州有险要的关卡,有广阔肥沃的土地,物产十分富饶,当年汉高祖也是从这里开始打天下的。现在益州的刘璋昏庸,张鲁又在北面占据了汉中,虽然物产丰富,但他不知道爱惜。有心的人都想得到贤明的君主。将军您既然是王室之后,威信和义气又闻名天下,还这样求才若渴,如果能占据荆州、益州,凭借两地的险要地势,再和西面的各族友好相处,南面安抚各族,对外再与孙权结成联盟,对内励精图治;如果天下形势发生了变化,就派一名大将军率军攻向南阳、洛阳,您再亲自率领一队人马出击秦川,在这样的情况下,老百姓谁能不盛情欢迎您呢?如果真能做到这样,那么天下的安康就可以复兴了。"

这番话慷慨激昂,顿时让刘备茅塞顿开,颇有英雄相见恨晚之感。于是与诸葛亮彻夜交谈都不觉得疲惫。诸葛亮也觉得刘备对他有知遇之恩,就决定出山辅助刘备。

得此有情有义又有智有谋的旷世之才,让刘备觉得如虎添翼。不禁对诸葛亮是礼遇有加、看重非常。从此,诸葛亮为刘备出谋划策,关羽、张飞则为刘备赴汤蹈火,终究实现了诸葛亮在隆中的预言,成就了三国鼎立之局。

髀肉之叹

意思是感叹大腿上长肉。髀,是大腿的意思了。因为经常骑马,大腿内侧是没有肥肉的,如果长久不骑马,大腿上的肉又长起来了。形容长久过着安逸舒适的生活,无所作为。刘备在荆州过着礼贤下士的生活,时间长了大腿内侧都长了很厚的肉,便感慨:很久没能征战沙场,何时能实现自己的志向呢?

"小神童"曹冲

刘备请诸葛亮出山之后真是如虎添翼，自己的势力逐渐强大起来。而这边曹操已经称霸北方，势力相对稳定。在这相对安宁的北方，曹操的子女们也都渐渐长大，在曹操众多的儿子之中，曹操最喜欢曹冲。曹冲从小就十分聪慧，五六岁的时候就像个小大人儿似的。这天，孙权送给曹操一头大象，曹操十分高兴，特意率众去看。曹操和群臣首次见到这么雄壮的动物，那么庞大的身躯，那么粗壮的四肢，那么大的蒲扇似的耳朵，还有那么长长的大鼻子，这些都让曹操觉得很是惊奇，于是，曹操想知道这么大的象能有多少斤重，于是下令让手下将领谋士出主意，看看怎样能称出这头象的重量。对此，大臣们都纷纷议论。

有的说："做一杆超级大秤来称量。"

可当时上哪儿找材料做出那么大的秤？

有的说："把大象砍成一块一块地称量。"

此言一出，倒让四周群臣大笑。结果，大臣们想了很多主意都不能实现，正在大家都挠头的时候。从人群中走出来一个小孩子，用清脆有力的声音说："我有办法称这只大象。"大家一看，此子正是曹操的儿子曹冲。曹操十分感兴趣，于是问儿子该怎么做。只见曹冲大声地对父亲说："父亲，请您下令命人将大象赶上一只空船上，再将船牵到深水区，看看船外被水淹到何处，然后刻下水痕做上标记。再牵船回来，将大象赶下去，搬运一些石头放到这只船里，一直到水面与船外的刻痕相同的时候停下，然后搬出石头慢慢称量这些石头的重量。那不就可以知道大象的重量了吗？"此言一出曹操非常高兴，群臣也

都称好。这个办法既称出了大象的重量,又没伤到大象的性命,而且做起来不难。于是曹操马上命人照曹冲的话去做,果然,称出了大象的重量。经过此事,曹操觉得曹冲真是非常聪明,对他越来越喜爱。

当时,诸侯争霸,各方诸侯为强化手中的权力,对军队的管理都很严格,尤其是曹操,军法更是严明。这天,曹操放在仓库里的马鞍被老鼠嗑坏了,这事非同小可,负责仓库的官吏们知道一旦被曹操知道肯定是要杀头的,商议干脆狠下心去自首算了,谁能不怕死呢,于是大家都在仓库内挣扎和商议。曹冲正在附近玩耍,不经意间听到了这事,担心这几个小官吏会丢失了性命,于是闯了进去。官吏们见到他,更是抱了必死的决心。却没想到,曹冲走上前去仔细

看了下被咬坏的马鞍，低头想了一会，就对那些看管仓库的人说："你们先别声张，等过会再去自首。"然后转头走了。回到住处后，曹冲琢磨了半天，然后从衣柜里找出自己的贴身衣服，又找来小刀，用刀模仿老鼠啃过的痕迹将自己的衣服弄坏，然后拿着坏掉的衣服，装作十分愁苦的样子跑去找父亲。曹操看到儿子一脸忧愁苦闷，十分关心，问曹冲怎么了？曹冲于是对父亲说："听民间传说衣服如果被老鼠嗑坏了，对衣服的主人很不好，现在见到我的衣服被老鼠嗑坏了，所以心中十分担心忧愁。"听了曹冲之言，曹操大笑，说道："这都是民间无知的人瞎说的，哪有这种事情呢，不要担忧了，没事的。"正说话间，就听下人来报，说仓库里的马鞍被老鼠嗑坏了。曹操也不以为意，还特意为了安抚曹冲对来报的下人说道："我的孩子的贴身衣服都被嗑坏了，可见老鼠有多猖獗，更何况放在仓库里的马鞍。"然后也没有追究仓库官吏的责任，只是吩咐手下人全力去灭鼠。而曹冲很自然地装作在曹操的安抚下放了心的模样。就这样，一件可能发生的惨事被曹冲用巧妙的计策化解了。事情虽小，却能看出曹冲不但非常聪慧，心地也十分善良，肯为别人多想。

像这样的事情有很多，曹冲逐渐被人们称为"小神童"。曹操也对群臣说过，有意让曹冲长大后继承他的遗志。但曹冲13岁的时候生了一场大病，后来一直没有好起来，就病逝了，这让曹操悲痛欲绝，下令厚葬，谥(shì)号"邓哀侯"。

谥号 是在我国古代，统治者或有地位的人死后，给他另起的称号，如"武"帝、"哀"公等。古代帝王、诸侯、卿大夫、高官大臣等死后，朝廷根据他们的生平行为给予一种称号以褒贬善恶，称为谥或谥号。帝王的谥号，由礼官议上；臣下的谥号，由朝廷赐予。曹冲虽年幼又无功绩，但因为当时皇帝很重视曹操，又知此子深受曹操喜爱，特赐称号。

曹操怒杀华佗

曹冲的死让曹操十分悔恨杀了华佗,而这华佗又是谁呢?华佗,是东汉末年有名的神医。他性格爽朗又坚韧,为人随和而且淡泊名利,出身于没落的望族,学识渊博,而且对医药钻研得十分透彻,通晓很多医书。华佗的医术没有师承于谁,都是自己不断钻研医书、不断拿自己做试验积累出来的。华佗很喜欢接触百姓,走遍了大江南北,无论是达官贵人还是赤贫百姓,他都一样对待,而且医治好不少疑难杂症,救了很多垂危的人,深受百姓的爱戴。

在华佗一生中救人无数,给病人吃药或针灸都已经算是小菜一碟,华佗也曾遇到过十分难治的疾病,为了找到病根去除病痛,需要给病人做些"手术",而当时的医疗设施自然没有现在发达,所以华佗自己研究出了一种可以减轻病人痛苦的麻药,那就是"麻沸散"。如果病人需要开膛剖肚,喝了这"麻沸散"就能让病人像喝醉了一样沉睡过去毫无知觉,这样华佗自然就可以开刀除物,再缝合好伤口,用药消炎,很多大病都被华佗这样治好了,而这种开刀治病的法子是以前的人想都不敢想的,所以华佗在当时简直就像神仙一样,挽救了很多百姓的生命,华佗的名气也随着他四处救人而逐渐远扬。

听说华佗大名的曹操如获至宝,原来这曹操有一种头痛病,求医问药数十年都没有什么效果,人到中年之后这头痛病也越来越严重了。所以,曹操派人四处寻找华佗,终于把华佗请到了府上。华佗来到曹府,看到了曹操,望闻问切之后决定用针灸,于是在曹操的胸椎那里的膈俞穴用针,不到片刻,曹操就觉得脑袋轻松了,人也精神了,疼痛都消失了。这种轻松让曹操十分高兴,不由得直夸华佗医术高明。但华佗却没有太乐观,很严肃很诚实地对曹操说:

"您的病，是脑部的痼（gù）疾，短时间内没办法根除，必须要长期跟踪治疗，一步步来缓解，才能够延长寿命。"曹操觉得无法理解，这用针片刻就没了的头痛难道还能再发作？就不能马上根除？曹操觉得华佗在故意吓唬自己以此来抬高自己的身份，炫耀自己的医术。虽然心里并不相信华佗的话，但华佗的医术确实高明，让自己多年难治的顽疾立竿见影地好转了。对此，曹操觉得华佗也是一个人才，决不能放走他，就把华佗留在府中。所谓医者父母心，华佗见曹操的头疼确实很顽固，也就留下帮助曹操作长期治疗，缓解病痛，但同时他要求虽然在曹府住下，但不能阻止他给百姓治病，对此，曹操同意了。

208年，曹操控制了汉献帝，以天子的名义号令诸侯，还自封为丞相，掌控着军政大权。这时，曹操需要操劳的事情越来越多，头痛的毛病也发作得更频繁，如果华佗不在身边，那头痛起来好像能要人命似的，所以曹操越来越感觉到华佗的重要，就命令华佗不要再为别人治病，而是专心致志地做他的专属医生，治疗他的脑疾。这命令让华佗很不高兴，原本治病救人就是他一生的志愿，天下病人那么多，哪能就只在曹府做曹操一个人的大夫。但曹操手握重兵，要对付华佗也是易如反掌，华佗也不敢轻易得罪曹操，但又不愿看天下苍生受病痛折磨而不能医治。华佗这人是医者父母心，平时就十分爱惜百姓和珍视生命，而这曹操带兵征伐天下不知杀过多少无辜百姓，所以，种种原因都让华佗不愿留下，无奈之下，华佗就开始琢磨如何逃脱出曹操的掌控，回到百姓的身边。

后来有一天，华佗借口家中有事，请假回家，曹操没想太多就答应了。没想到，华佗一去就没回来，时间越来越长，曹操脑疾又犯了，于是几次派人去召回华佗，华佗都借口说自己妻子生病了，需要长期治疗，所以一直没有回来。曹操岂是那么容易被回绝的人？三番两次都邀请不来，就特意派了专人前去查探。曹操告诉那人，如果华佗真的是妻子生病，就赐华佗一些粮食，再宽限他一些时间回来；如果华佗用谎言骗他，就把华佗抓起来押送回来。这人去了

之后打探了很久,知道华佗妻子没病,而华佗正云游在外给四方百姓治病,消息传回曹操那里,曹操大怒,让人把华佗捆绑着押送了回来,并关押到大牢里,严刑拷打,逼迫华佗听从命令留在曹府。但华佗也是很刚强的人,任凭曹操怎么拷问,都不点头答应。曹操怒极,想要杀了华佗,这时荀彧(yù)劝曹操:"华佗的医术高超,世间少有,现在是乱世,非常需要这样的医者,还希望您能宽恕他,放他一马。"曹操不听此话,怒道:"不用担心,天下也不需要这样的鼠辈之人。"下令在狱中处决华佗。华佗虽在狱中也奋笔疾书,写下了自己行医数十年的经验和医术,想着这书如果能流传后世,也会救下不少黎民百姓。知道自己要被处决了,华佗无奈,将写好的医术《青囊经》拿了出来,想要交给狱吏,让他带出去给能用之人。但狱吏十分害怕曹操怪罪,不敢接受。华佗长叹,不再强求,将书扔到火盆中烧毁了。

华佗死了,但是曹操的头疼病没有好,每次头疼起来,身边的人就说要是华佗在就好了,曹操却反驳说:"华佗能治愈我的脑疾,但是却不给我根治,看来是想以此来要挟我,我就算不杀他,他也不会把我治好。"可见曹操对于杀华佗没有半点后悔。直到曹操的爱子曹冲得了重病,很多医生都没束手无策,最后曹冲病死。曹操这时才悔恨万分地说:"我不该杀华佗啊,因为杀了华佗,所以我的孩子才会活活儿病死而无人能医治。"

麻沸散 是华佗创制的用于外科手术的麻醉药。华佗所创麻沸散的处方后来失传。1979年中外出版社出版了一本《华佗神方》,由唐代孙思邈编辑,里面就有神秘的"麻沸散"配方。书中还记载着此方专门针对长有圆形或长形肿块的患者,用药不效,必须割破肚皮取出肿块,如果大脑有病,必须打开头骨,取出病邪之物,头痛毛病才能根治。服此能令人麻醉,不知人事,也不知痛痒,说明麻醉作用还很强。

望梅止渴

扫码查看
- 中华故事
- 典故趣闻
- 能力测评
- 学习工具

华佗的死虽让曹操十分悔恨，但这时诸侯混战的情况并没有结束，所以他依然要带兵东征西讨。这天在行军途中，大军一直找不到水源，连番的作战和行军，让士兵们都疲惫不堪。只见士兵们满面倦容，嘴唇干裂，有的士兵连连舔着嘴唇，却马上就干了，而嘴里是一点水都没有，甚至有的士兵渴得嗓子直干，不断地咳嗽。没有水源，不仅士兵士气低落，而且战马也都拖绳拽(zhuài)缰，不愿抬腿走路。这样下去，没等打仗就会损失不少兵力。曹操下令让一些侦察兵到附近各处寻觅水源，等了许久侦察兵们一一回报，没有找到。这个情况让曹操很是头疼，抬头四望，前无村落后无店铺，四野又都是干枯的草木，实在是无计可施。曹操自己也是无水可喝，饥渴难耐中无意间看到地上一枚果壳，虽已干瘪(biě)，但却令曹操想起一种东西，顿时觉得嘴里发酸，生出口水，让他不得不吞咽几次。曹操想到了什么呢？那个东西是一种果实，熟透的时候味道是酸甜可口，但青涩的时候却非常酸涩，当时人们经常腌制后食用，或者酿酒，或者做果脯，很多人都喜欢吃。

那就是梅子。曹操在家时,他也曾吃过梅子干,更多的是喝过梅子酒,虽然入口绵软但酸甜可口,很受一些女性喜爱,他这样的豪杰倒不见得喜欢,但那种酸酸的味道倒是记在了心上。此刻突然想到它,不由自主地就嘴里生津,感觉不像刚才那么干渴难忍。由此,曹操突然想到一个主意,也许能让士兵不至于那么难受。他传令下去,就说:"侦察回来的士兵说前面有一片梅林,此时正是梅子结果的时节,让士兵们加快了脚步赶上前去就可以吃些梅子解渴。"曹操手下士兵虽多是北方人,但当时南方的梅子早就流传到北方,不少人都吃过,也都领教过梅子那独特的酸味。很多士兵一听前面有梅子,不由得也都嘴里生津,似乎口渴也缓解了不少,顿时觉得增添了一些力气,坚持着继续走下去。还有一些士兵不知道梅子是什么,旁边的士兵就很热心地讲述了梅子的味道:

"那个小东西,看着非常小,圆圆的,是南方的水果,吃起来是酸酸甜甜的,大人孩子都很爱吃。有时,碰上没太熟的,咬上一口,哎哟,那个酸劲,能透进骨子里,让你当时就觉得满嘴里都是口水,酸得要命。"

这番讲述,可把周围士兵的口水都给讲出来了,顿时大家都觉得嗓子也没那么干疼了,舌头也没那么干硬了,好像一股泉水自舌底涌出,一时间倒觉得没那么口渴了。于是,都振奋精神准备到前面的梅林去解解渴。看到兵将们都来了精神,曹操也暗自庆幸,扯马继续前进。过了没多久,有一侦察兵传来前面有水源的消息,而这时大军也都尽力地坚持了下来。到了前面,看见了水源,兵将们无不欢呼雀跃,而曹操也下令让他们敞开肚皮饱饮一顿。

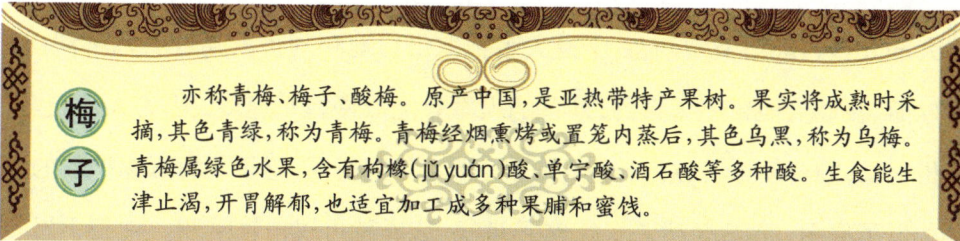

梅子 亦称青梅、梅子、酸梅。原产中国,是亚热带特产果树。果实将成熟时采摘,其色青绿,称为青梅。青梅经烟熏烤或置笼内蒸后,其色乌黑,称为乌梅。青梅属绿色水果,含有枸橼(jǔ yuán)酸、单宁酸、酒石酸等多种酸。生食能生津止渴,开胃解郁,也适宜加工成多种果脯和蜜饯。

赵子龙单骑救主

当年火烧博望坡之时，刘备一把大火打败了夏侯惇，当时赵云（字子龙）却在与夏侯惇率领的曹军的交战中抓到了夏侯兰，这个夏侯兰本是赵子龙的同乡，所以赵子龙知道这个人很有军事才能，是个人才，就把他推荐给刘备，希望他能得到重用，这种态度也能看出赵子龙的谨慎和明智，避免了别人说他结党营私。赵子龙原本是跟随公孙瓒（zàn）的，当时刘备也依附在公孙瓒那里，与赵子龙相交已久，后来公孙瓒提拔刘备让刘备去对付袁绍，当时就是让赵子龙来辅助刘备，追随其后。从此两个人更是相知相惜，后来赵子龙兄长去世，赵子龙与公孙瓒辞别。刘备知他不能再回来，于是紧握赵子龙双手依依不舍。对此赵子龙十分感动，对刘备说："我永远都不会背叛您对我的恩德。"一别多年，后来刘备投奔了袁绍，赵子龙听说刘备需要援助，特意前去投奔了刘备助他一臂之力。刘备十分感动，与赵子龙秉烛长谈，商讨了招兵买马的策略。从此，赵子龙就一直追随着刘备。

208年，曹操向南进攻，准备攻打刘表，但刘表已经去世传位给了儿子刘琮（cóng），而刘琮则投降于曹操。这时刘备在樊城，得知此事后知道曹操稍后就会追来攻打他，而目前他的兵力还不够与之抗拒，于是和部下们商量逃走，但又舍不得放弃全城百姓，于是告知百姓们愿意和他一起逃亡的可以一起走。城里大部分百姓都很爱戴刘备，于是大多拖家带口地和刘备一起走了。原本军队可以简装逃走，但带上了百姓，刘备的大军只能放慢行军速度。因为人数较多，队伍很长，刘备便给将领们分配了任务，张飞负责断后，赵子龙负责保护他的家小。过了襄阳，诸葛亮劝说刘备攻下刘琮，这样就可以占据荆州。刘备不忍心攻打刘琮，结果刘琮没有听刘备的劝，反倒是很多荆州的百姓跟随了刘备。这样，刘备队伍里的百姓越来越多了，行程也越来越慢，到了当阳长坂(bǎn)，诸葛亮等建议刘备过江与孙权联合。刘备命关羽前去准备渡船。这时，曹操大军已经到了襄阳，得知刘备到了当阳长坂，于是下令日夜兼程追上刘备，务必将刘备拿下。果然，第二天，刘备尚未上船，曹操大军已经赶到，一时间杀声阵起。混战中，刘备被将领们护送上船，而刘备的家眷们则被无数逃命的百姓挤得留了下来。待刘备到了安全之处，才发现赵子龙没有一起过来，于是追问他的情况。当时，一部将说："也许赵将军投降曹操了。"刘备一听此言，大怒，厉声喊道："我与赵子龙是患难兄弟，他绝不可能背叛我。"那么，赵子龙到底在哪儿呢？

原来,赵子龙奉命保护刘备家眷,曹操大军来得迅猛,百姓又很多,赵子龙和刘备家眷一下子被大军冲散开了。在奋勇杀敌时,听闻刘备已经安全离开,赵子龙心想:"主公将家眷托付给我,既然主公已经安全,那我也该全力保护他的家眷。"于是,赵子龙杀出一条血路,在慌乱逃命的百姓群中打探到了刘备家眷的下落,抬头寻找时看到曹军士兵正抓住了甘夫人。赵子龙连忙挥舞兵器杀了过去,将甘夫人救了下来。当时甘夫人怀中抱着刘备的儿子阿斗,于是赵子龙从乱军中夺来一匹马,护着甘夫人和阿斗上马,然后挥舞长枪扫荡马匹周围渐渐靠拢过来的曹兵。就这样一步一步向外突围,不料,很多曹兵都看出了这里有重量级人物,渐渐都围了上来。见此,甘夫人几次劝赵子龙放弃他们母子,独自脱身而去。但赵子龙坚决不同意,见越来越多的围兵,他紧握住兵器不断挥舞,挥退一批又一批上来的曹兵,将甘夫人等维护在安全的范围之内。时间一长,赵子龙一想眼前久战不利,于是趁机杀出重围,拽着载着甘夫人的马匹突围出去,一阵风般地逃走了。但后面曹兵穷追不舍,赵子龙一手拽马匹一手拿着兵器奔跑也确实不方便,于是在曹兵接近时,赵子龙大喝一声,一个回身偷袭,又扫倒一片曹兵,然后从旁又抢来一匹战马,翻身上马,从甘夫人手中把阿斗抱了过去,然后提醒甘夫人抓紧马缰,重力拍下马尾,促马狂奔。同时,自己紧抱阿斗也催马跟上甘夫人,就这样一阵策马狂奔,终于甩脱了曹兵的追杀。一直到追上了刘备,将阿斗捧回给刘备。

古人的名和字

所谓"名",是社会上个人的特称,即个人在社会上所使用的符号。"字"往往是名的解释和补充,是与"名"相表里的,所以又称"表字"。名是小时起的,供长辈呼唤;取字,是朋友呼唤的。如:赵云,字子龙。"字"的产生,是出于避讳,也就是尊崇长辈的伦理需要。古代人在祭祀神灵和先祖的时候,为了表示恭敬,不敢直接称呼先祖的名,这样就产生了字。因此,"字"实际上是表示尊敬的人名。

诸葛亮力说孙权

　　刘备当日在长坂坡与曹操交战败逃之后，诸葛亮为刘备筹谋与孙权联盟。当时刘备兵力不多，又拖家带口，还带了很多地方的百姓，更没有一个据点可以提供支援。而当时，天下大部分都已经被曹操夺下，只有称霸江东的孙权和疲于逃命的刘备还具有一些可以抗争的实力。面对这种局势，刘备也觉得如果能与孙权联合抗曹最好，但又顾虑孙权是否也有此意。其实，孙权此时也同样觉察到了目前的局势对自己不妙。当时孙权旗下的众多谋士也分成了两派，一派主和，以张昭等为首的一些老臣觉得曹操现在实力雄厚，又挟天子以令诸侯，从哪方面看都占据优势，不如对他俯首称臣，也许还可以继续占据江东；另一派则是主战，以鲁肃、周瑜等为首的有志之士，他们认为，曹操想借天子之名一统天下，肯定是不会轻易放过雄霸江东的孙权，而孙氏已经在江东统治了三代，国富民强，如果继续发展下去说不定将来也会强大，可以一统天下，又何必臣服于曹操呢？由此，两派各不相让，倒让孙权头痛不已。当时刘备来信要拜访孙权，孙权派了鲁肃前去迎接。鲁肃是主战派，见了刘备自然是一拍即合。不过，鲁肃和孙权都有些顾虑张昭，张昭是江东的元老，可说是劳苦功高，能否统一这些老臣的意见，让江东上下君民齐心抗曹，也要刘备这边派人过去再做些工作。于是，刘备请诸葛亮随鲁肃前去江东做这项工作，鲁肃与诸葛亮的哥哥诸葛瑾是好友，当时诸葛瑾为孙权效力，因此，鲁肃对诸葛亮也很了解和佩服，自然高兴诸葛亮前去江东。就这样，诸葛亮随鲁肃去了江东。

　　来到江东，诸葛亮心知孙权也没有下定决心是否联合刘备，但在说服孙权之前要先解决当前最大的障碍，就是要说服张昭等一干主和的老臣。这天，诸葛亮正要拜见孙权，在等候的时候，张昭等久闻他的大名，也知道他为何而来，就趁此时机纠结一群老臣子在偏厅等候他。诸葛亮进来之后，见此阵势，心中自然有数，淡然抚扇。张昭见诸葛亮一幅胸有成竹的样子，

不由得抢先说道:"听说你曾将自己比作管仲、乐毅,但是追随了刘备之后却只见刘备不断逃亡,从新野、樊城、当阳直到现在的夏口,一路败逃,这样的谋士也可以称作管仲、乐毅吗?"闻此言,其余老臣拍手称好,而诸葛亮却轻摇羽扇面含微笑答道:"大鹏的志向哪是一些小鸟能知道的?染了重病应该慢慢调理,哪能用猛药。再说,就算当时主公辖地土地比较贫瘠,城池不牢固,军队不经常训练,粮食也不是很多,照样还能火烧博望坡,让夏侯惇等胆寒呢!后来,曹操攻来,我家主公心地仁慈,对百姓爱护有加,对同宗兄弟不忍伤害,对百姓又心存义气,生死与共。再说当时是主公心地仁厚,使得百姓追随,而刘琮却投降了曹操,主公当时也不过关羽、张飞、赵云等几个将领,兵少打不过曹军也是正常的。当年汉高祖也曾数次败给项羽,又何况我家主公。我也不是自己夸自己,我现在无论是坐着商议还是站着讨论,没有人能比得上我,随机应变的能力也不是什么人都能比得上的。"这番话顿时让张昭等一时无以应对。过了好半天,又有人陆续问了诸葛亮几个尖锐的问题,却被诸葛亮有理有据地驳回。

几番争辩,诸葛亮说得这群老臣哑口无言,又脸上无光。这时,黄盖闯了进来,打断了他们的争辩,拱手邀请诸葛亮去见孙权。

见到了孙权,诸葛亮恭敬地对孙权说:"自从天下大乱,将军一直占据了江东,当时刘备也在汉南收集了一些兵力,与曹操一起争夺天下。现在曹操打败袁绍,掌握了更多的兵力,又攻破了荆州,声名威震四方。刘备被曹操一路追赶,逃到了此地。现在将军也该量力而为,如果能够凭借江东这些兵力与曹操大军抗衡,就不如早点进兵;如果不能抵挡,何不放弃江东,向曹操投降?现在将军表面上假装要臣服,但实际又在犹疑不决,大事情应该早作决断才是,等灾祸降临再定就晚了!"孙权听了不服气,回道:"如果像你所说的,刘备怎么不投降?"诸葛亮立刻严词说道:"田横,是古时齐国的一个普通壮士,却还能

守住义气不受辱,更何况刘备还是王室的后人。他义薄云天,兵士都很仰慕,就像流水归大海一样归附了他,如果这样抵抗曹操还不能成功,那就是老天的安排了,怎么现在就能轻易就投降臣服曹操呢?"孙权一听,生气地说道:"我也不能把吴地这么多的人都交给曹操。我决定了,除了刘备我还能和谁联手呢?但他在新野失败之后,还能有能力对抗曹操吗?"诸葛亮答道:"主公虽然在长坂坡失败了,但是手下还有很多战士,包括关羽带领的一批水兵,刘琦将江夏的士兵整合到一起也差不多一万。曹操带着大军,远道而来本就疲惫,当时又为了追杀主公,轻装骑兵一天一夜跑了大约三百多里,这就像'有力的箭射到了最后,力道肯定连布帛都穿不透'。这在兵法上也是大忌,'一定会使主帅受到挫败'。更何况北方的人,不习惯水战,其中又有后来归附曹操的荆州士兵,也都是被逼迫的,不是心悦诚服地归顺。现在将军如果能命令旗下的猛将率领数万的大军,与主公同心协力,必能打败曹操的军队。曹操如果战败了一定会回到北方,这样依据您和主公的实力,三者就能形成鼎足的形势。能否成败,就看今天您的决定了。"孙权听到这番话,立刻对于未来充满了信心,于是下令派遣周瑜、程普、鲁肃等率领3万水兵,同诸葛亮联合刘备一起抵抗曹操。

管仲

管仲,中国春秋时期齐国颍上(今安徽颍上)人,史称管子。春秋时期齐国著名的政治家、军事家。乐毅(yuè yì),子姓,乐氏,名毅,字永霸。战国后期杰出的军事家,是燕国的将军,辅佐燕昭王振兴燕国,报了强齐伐燕之仇。二者都是出名的军事家,后世都很敬仰。所以,诸葛亮常以自己能与他二人相比来表明自己的才能。

火烧赤壁

刘备被曹操打败逃亡后，诸葛亮出主意让他和孙权联手一起打曹操，刘备很是赞同，也派了诸葛亮去找孙权商议，诸葛亮分析利弊之后孙权也同意与刘备联盟。就这样，孙、刘联军在赤壁联合两家的谋士和将领准备一起商量对付曹操的计策。

江东的士兵大都熟悉水性，将领自然更是熟悉水上作战。所以，诸葛亮等虽然在江东和周瑜等商量对策，但更多的是听取江东将领们的建议和意见。其中老将黄盖，在吴国已经效力三代君主，是三朝元老，而且身经百战，非常熟悉江东地区。这天，黄盖从江岸细细观察了曹营的情况之后，发现曹军的战船都连接在一起，虽然对于曹军来讲，这样设置可以让船只比较稳定，但船和船相互连接，就降低了船只的灵活性。再转念一想，黄盖心中有了一计，于是连忙赶回阵营寻找周瑜。见到周瑜后，黄盖说道："如今情况是敌众我寡，不能打持久战。然而我观察到曹操的军舰首尾相连，这种情况下，我们不妨用火攻。船只相互连接，如果顺风，火势一起，那船只接二连三地就都着火了，自然可以使他们败退。"周瑜连声称妙，同意黄盖的建议并让黄盖去作准备。于是黄盖调来数十艘战船，在船内装上干草，又浇上油脂，再在上面盖上帷幕，船外树立旗帜。从表面看来与一般战船没有什么区别，但这些船里都装着浸了油的干草，到时顺风而下，到了目的地，再让弓箭手射出火种，不费兵力即可点燃曹军的战船。眼下船只虽然已经准备妥当，但船只如何能够靠近曹营呢？这个问题难住了孙、刘两军，左思右想，还是由黄盖出马，让黄盖假装投奔曹操。对于曹操来说，黄盖是孙、吴老将，熟悉水战，而曹军自北方而来，士兵多是旱鸭子，

对水战很是陌生，而且士兵们也很多都不会游泳，曹操目前最缺乏的就是一个擅长水战的老将。这样，如果黄盖投降做曹操的内应，自然会让曹操胜券在握。于是，黄盖就派人给曹操送了一份投降书，其中说道："我虽然深受孙氏厚恩，作为将帅，待遇优厚。然而看眼前天下的局势，江东想用六个郡县的山越人来抵抗您的百万雄师，实力差距太大，可以预见肯定是敌不过您。很多江东谋士和将领都知道是不能与您对抗的，而周瑜、鲁肃等见识浅薄，不知道深浅，想要与您对抗。现在我虽在江东这边，但其实是一个缓兵之计。在这边帮您探查敌情，等到两军交战的时候，我一定是先锋，到时率领我的部将投靠您。"曹操本性多疑，特意将传信的人带到无人处，秘密审问他，说道："就怕是黄盖诈降。如果黄盖说的是实话，我肯定会重用他并且给他高官厚爵，远远超过他在孙权那里的待遇。"思量一番之后，曹操还是半信半疑，同时也传了口信儿给黄盖，说如果黄盖真心归附，就给他更高的待遇。

面对孙、刘联军，曹操这边其实也不轻松，主要原因是士兵不太熟悉水性，有一部分人一到船上就晕船，这就大大降低了战斗力。同时，曹操手下的将领多是陆上悍将，很少打水仗，对水战很不熟悉。慢慢地，曹操的阵营中很多士兵出现了身体不适的情况，而且范围越来越大。后来经过军医诊断，是一种瘟疫，传染得十分迅速，这更是大大地削弱了曹军的战斗力。曹操这次虽然带兵众多，但也有一部分是在追杀刘备过程中招降的，这些人也不全是真心归顺，所以比较散漫，曹操下的命令他们也不怎么执行。面对这种情况，曹操也是心急如焚，所以黄盖这时候来投降，他宁可信其有。

到了两军交战的那天，曹操命手下士兵将船只连成一排，并亲自率领众将领和士兵们列队站在船头，等着看黄盖是否真的归附。这样的阵势也有想要震慑对方的意味。这边就见黄盖果然带着先前准备好的十数只战船驶过来，当时东南风很急，正吹向曹营的风向，其中有十只战船行驶得较快，大约到了

两军中间的位置,这时候只见这些战船都升起了白帆,然后黄盖举火暗示下属们,一起大喊:"投降啦!"听到这阵喊声,曹操及下属们无不伸长了脖子往远看,等待黄盖归附投降。等到黄盖这边的战船离曹营还有大概两里多的时候,曹操这边的谋士有的看出了问题,说:"这些船只是不是过于轻快了,如果黄盖真是带兵来投降,那船应该吃水很重,怎么会如此轻快?"曹操一听顿时起疑,觉得确实有问题,连忙下令准备迎战,但这时已经太晚了,眼看着对方的战船越来越近,这时黄盖命令弓箭手射火种,就看见,满天都是带火的飞箭,不少火种落到帆上、船上立刻就着了火,而这些船只带着熊熊大火直奔曹营战船而来。曹操等人大吃一惊,连忙下令准备展开反攻。但转眼间,火船已经冲进了曹营的连船中,当时就点燃了很多的船只,而曹营的船只众多又都连在一起,火势立刻蔓延开来,火场中不时传来惨叫声,很多曹军士兵来不及躲闪就被火船撞个正着,也有很多士兵被猛烈的火势吓得纷纷跳水。曹营正在大乱时候,孙、刘联军早已击打战鼓,杀声震天地乘着一些轻捷的小型战船来到了曹营的连船上,还有一些大型的战船也顺风向曹营射箭、投石。顿时,赤壁两岸到处是火光和杀声,曹军本就因瘟疫减少了大量兵力,又因很多士兵不善水战纷纷被打得落水,众多船只相连让这场大火将曹操的所有船只烧得精光,火势甚至蔓延到了岸边营寨。面对如此攻势,曹操大败,慌忙带领残兵败将逃走了。刘备与周瑜等也带着士兵继续追杀。最后,曹操只留下曹仁等守在江陵,自己则带着残余部队回到了北方。

赤壁有文赤壁和武赤壁两处。其中文赤壁在湖北省黄冈市境内,因苏轼《赤壁赋》而得名;武赤壁在湖北省赤壁市境内,东汉末年的赤壁之战就发生在此。赤壁之战遗址是由三座小山组成,即赤壁山、南屏山和金鸾山。这三座小山起伏相连、苍翠如海,再加上亭台楼阁错落地隐现于其间,景色益显秀美。

三 国 故 事

黄盖收山越

黄盖是孙权的一员大将,也是元老级人物,在208年的赤壁之战中为打败曹操立下了汗马功劳。黄盖是孤儿,小时候吃尽了苦头,长大成人后在汉末兵荒马乱的时代跟随了孙坚,后又辅助孙策、孙权,前后追随孙氏三代君主,一直骁勇善战,帮孙氏打下了大部分江山。

当时,江东地区山越极多,分布很广,他们大多住在山区里,常与各地的小头目联手,不服从大政权管理,是孙氏掌控江东的最大心腹之患。从孙坚、孙策到孙权都有征讨山越的政令和战争。到了孙权时期,为了巩固江东的势力,就派手下几员大将分别掌管山越活动猖獗的地方。当时黄盖就是一个山越特别猖獗的地区的县令长。其中,石城的山越是最难对付的,黄盖考察了一下先前当地的管理情况,觉得硬碰硬不是太有效,为此他特别安排了两个文官来领导下面各部门。然后传下政令说:"以前的县令长滥用刑罚,只知道用武力和刑罚来强加管理,不懂以德服人,也不任用文职人员,导致如今贼寇(kòu)也一直没有被平息。现在我设置了两个文职的主管,以后有什么军务都可以向这两位主管禀告,他们也会监察各级官吏,从旁指正错误。如果在他们监察期间,地方官员的所作所为

和汇报给上级的公文不一样,或做了违反法纪的事,一定会依法处治,但不会滥用鞭杖等酷刑,希望从此各级官吏都能用心工作,不要做第一个触犯政令的人。"文治的政令刚施行的时候,上下官员都很小心,而且都十分用心办公。但时间一长,官吏们都以为黄盖并不严查公文,于是渐渐松懈了,很多事情都表面服从暗地里偷偷违法。黄盖也渐渐发觉官吏们有懈怠的情况,就严加考查,果然查出了两个主管经常不守法纪。但他没有马上声张,而是不动声色地召集了所有的官吏一起吃酒宴,说是奖励他们用心办公。酒宴上黄盖就假装不经意地询问了一些官吏各自的情况,其中不守法纪的那两个主管虽然也是百般掩饰,但还是露出了马脚,最后黄盖拿出了事实证据,这二人理屈只能认罪。众人得知十分惊讶,也不知道黄盖会如何惩治他们,就见黄盖对众人严肃地说道:"以前就下政令,说过如果犯错不会轻易用鞭杖刑罚,这点现在也绝不会违背。"然后下令将那违法二人斩杀。这一举动让所有下属官吏胆战心惊,原来黄盖虽然不会轻易责罚,可一旦违法也会毫不留情,此后再也没有官吏敢做欺上瞒下的事情了。后来,黄盖又去了春谷、寻阳当县令。前后任职了九个县的县令,每到一处就平定一处。后来又做了丹阳郡都尉,锄强扶弱,赢得了山越人的信服,使当地山越人都归附了他。

黄盖为人严肃认真,又很擅长训练兵将,任人用兵都很有办法,所以很多兵士都很忠诚地追随着他。

山越 三国时期分布于今江苏、浙江、安徽、江西、福建等省部分山区古越族后裔(yì)的通称。由于秦汉以来民族渐渐融合,山越已与汉人区别不大,其中还包括一部分因逃避政府赋役而入山的汉人。所以山越虽以少数民族作称谓,但实际上是居于山地的南方原住民,故亦称"山民"。以农业为主,种植谷物;出产铜铁,自己打造兵甲。他们分布很广,好习武,以山险为依托,组成武装集团,其首领称"帅",对于封建中央政权处于半独立的状态。

孙权"草船借箭"

　　赤壁之战之后，孙权更加巩固自己的江东地区。这时，孙权手下有一叫吕蒙的将领向孙权提了一些巩固江东边防的建议，引起了孙权的关注。原来，吕蒙担心江东依靠着长江天险守着自己的疆土，而眼前的长江岸边都没有码头要塞，如果有敌人派兵来偷袭，那么江东的将士可能没等赶到江边，就遭到袭击了，更别提进入战船迎战了。于是在和孙权谈话时将此想法透露了出去，孙权知道后觉得吕蒙想得很周全，于是下令在长江水岸修建码头，建立江边的防御工程，以便抵抗敌人的袭击。吴国本就是依仗着长江天险来守卫疆土，江东的将士又多善水战，而在水边建立船坞，就像在陆地上建立的碉堡一样，是守护自己防御敌人的最佳据点。这番工程的修建，不仅加强了江东地区水域的防御力，而且也完善了吴国的边防设施，形成了边防要塞。

　　吕蒙的思虑十分细密，让孙权很是欣赏，在以后的对敌战斗中多次重用吕蒙。而这吕蒙也算是孙氏政权下的老将，当年，他是跟随姐夫邓当出来当兵的。邓当是孙策的部将，当时随孙策数次征伐山越，吕蒙那时不过才16岁，有胆有识，得知姐夫去伐山越，于是偷偷跟随在军中，遇敌作战十分英勇。等邓当发现时为时已晚，虽然大声呵斥他回家，但吕蒙依然奋勇杀敌。后来邓当回家告诉了吕蒙的母亲，吕蒙的母亲十分生气，想要责罚吕蒙，吕蒙却说道："我们都已经生活得这么贫苦了，如果有机会杀敌立功的话，也许就可以脱贫致富了。再说了，想要杀老虎，不进虎穴怎么能杀到老虎？"他的母亲听他这么一说，心疼他这么懂事又有志气，就没有责罚他。后来吕蒙成为了孙权手下一员大将。

　　213年,曹操上次赤壁之战惨败后一直对孙权的江东念念不忘,江东的存在成了曹操的心头大患,而曹操在北方重新整顿了五年,又不断拓展势力后,还是想再来攻下这江东地区。于是,曹操再次亲自率领10万大军准备进攻孙权。曹军一路攻打过来,一直打到了濡(rú)须口,因为之前孙权已经在长江水岸建立了码头和堤坝,加强了长江水岸的防御措施,再加上吴军防御得当,曹军作战失利,没有攻下濡须口。于是曹操转换了战略,一边驻兵坚守着长江这头的阵营,一边仔细观察对岸的情况,伺机而动。这天,江面上弥漫着一层薄雾,孙权心知这是个好时机,于是带领手下乘船从濡须口接近曹军的前沿,想要仔细观察曹军的部署。当离曹营还有五六里的时候,孙权命属下在船上击鼓鸣乐。突然听到这种声音,让曹操大吃一惊,连忙到船头观看情况,只隐约看到孙权的小船依次排开,而船上的士兵们都整肃威武,小船排列有序,

战旗迎风招展，阵势整齐划一，不由得心有感慨，说道："生子当如孙仲谋，刘景升儿子若豚犬耳。"虽然心有感慨，但曹操见此情景心中十分疑惑，尤其前番几次水战都是曹操吃了败仗，此刻突然见孙权列小船前来，害怕有诈不敢轻易出战，于是下令弓箭手射击对方船队。霎时间就见漫天箭雨射向了孙权这边的小船，由于江面上有薄雾，很多飞箭没有射到小船上，很多小船也利用这层薄雾躲开了飞箭的空袭。但是孙权所在的战船位居中间，又是最让曹操忌惮的，所以对这艘小船射的箭最多，小船躲避不及有一侧中箭很多，有要翻船的危险。孙权当机立断让船手将船掉转个方向，结果另一侧又中了不少箭，等到两侧箭数差不多了，船身平稳，可以安全地驶回孙权的营寨。这时，曹操才看出对方兵力的虚实，大呼上当。孙权的这一查探，让曹操十分恼怒，但眼看江东水岸全副武装，严阵以待，一时没有更好的进攻办法。过了没几天，孙权派人给曹操送了一封信，言简意赅地写道："春汛快来了，您应该迅速离去。"又在下面标注一行："您要是不死，我也不会安宁。"当时气得曹操脸上一会儿白一会儿红。对孙权是又欣赏又恼怒，不过，这封信给曹操提了个醒，他吃过水战的亏，又知自己属下多是北方人，不善水性，如果真有大雨来临，江水涨潮，恐怕他也讨不到好处。最后曹操衡量局势，觉得当时的时节确实不宜久战，就带了将领回到了北方。

生子当如孙仲谋，刘景升儿子若豚犬耳

曹操这句话的意思是说，生儿子就该生像孙权（仲谋是孙权的字）这样的，而刘表（景升是刘表的字）的儿子跟猪狗差不多。前半句曹操是在赞赏孙权整肃军队的能力；后半句是指同样是一方军阀诸侯的后代，而刘表的儿子却没能守住祖辈的基业，在曹操追杀刘备到襄阳的时候不顾刘备而投降曹操的事。

凤雏落翅雒城

在曹操不断开疆扩土攻击孙权的时候，刘备也努力地扩张自己的势力。公元214年，刘备分兵进攻，准备占领成都。不料，庞统在雒(luò)城因为中了飞箭，不幸去世。这让刘备号啕大哭许多日，过了许久之后，刘备想起庞统还会忍不住泪湿双眼。当年鲁肃对刘备曾说："'卧龙'、'凤雏'，得一而可安天下也！"这"凤雏"指的就是庞统。

赤壁之战之后，庞统曾到江东，想要效力于孙权，但并未受到重视，后来鲁肃建议他去投奔刘备。庞统听了朋友的话，前去投奔刘备，一开始庞统并没有引起刘备的注意，这时诸葛亮和鲁肃极力推荐，刘备才想再给他一个机会，于是就单独找了庞统谈话。这一次谈话，庞统的表现让刘备赞叹不已，这时刘备才真正认识到庞统的能力。于是，就让庞统做军事中郎，留他在身边出谋划策。

庞统在关键时刻给刘备出了不少妙计。211年，法正奉益州牧刘璋(zhāng)的命令前来迎接刘备，准备联合刘备的力量共同抵抗汉中张鲁，而这时法正通过对刘备的接触及了解，觉得刘备有统治天下的才能，所以就偷偷背叛刘璋，给刘备献策让刘备伺机攻下益州。当时刘备对此十分犹豫，而庞统早看出拿下益州的重要性，所以劝刘备说："荆州地区比较荒芜，人烟稀少，而且东面有孙权，北面有曹操，两面夹击很难有大的发展。益州这边人口众多，土地肥沃，物产丰富，如果能够占领这里作为根据地，就能够成就大业。"但刘备十分担心拿下益州被天下人议论，怕这样抢占别人的土地会让天下人责难。但庞统劝慰道："现在天下大乱，做事不能墨守成规，要能够随机应变。只要夺下益州后，好好对待刘璋，让益州强大起来，那么谁还能说您不对呢？而且现在时机很好，如果错过这次机会,被别人夺了去,恐怕后悔也来不及了。"刘备想想觉得有理。于是,刘备留下诸葛亮、关羽等守卫荆州,而带着庞统,率领大军进入益州。当时刘备和刘璋刚刚见面,庞统曾建议此时拿下刘璋,就可以不费一兵一卒就占领益州,但刘备说,这样做于理不合,而且在当地还没有建立威信,夺了过来也不会赢得人心。所以,后来刘备在帮助刘璋抵抗张鲁的时候,驻守葭(jiā)萌关,大施仁义,逐渐赢得了更多的威信,收服了不少民心。

有一次,刘备与庞统闲聊,好奇地问庞统:"你曾经做过周瑜的下属。听说那次我去吴国,周瑜就偷偷建议孙权扣留我,不知道是否有这件事?"庞统回答道:"确实有这件事。"刘备听了感慨万分,说道:"当时我正是落难之时,不得不去求助孙权,也不能不去见他。没想到,竟然差一点就落到了周瑜的手里。"刘备停顿一下,又说道:"果然天下有智谋的人所见是差不多的,当时孔明劝我不要去,而且非常坚持,可能就是担心孙权扣留我。但我当时却想到孙权要堤防的是曹操,应该更多地希望我和他联手,所以坚持去见他,一点没有犹豫。现在想来,这真是一步险棋啊!"

刘备到葭萌关不久,庞统又向刘备提出三条计策:"偷偷挑选精兵,不分昼夜去偷袭成都,刘璋不太会打仗,又没有准备,大军突袭可能能够一举拿下,这是上策。杨怀、高沛都是刘璋的大将,各自派大军守在险要的地方,如果您和他们说荆州有急事,想要回去救助,并且整装待发,这二人佩服您的英明,又得知您要离去,肯定会轻装来送行,将军趁此将二人拿下,再进攻成都。这是中策。最后就是,退兵

81

到白帝城,再联合荆州兵力,慢慢攻取成都,这是下策。如果总是犹豫不决,肯定会使自己陷入困境中。"刘备认为这中策很有道理,于是就按中策执行。果然,杨怀、高沛不知情,被斩杀,然后刘备挥军攻打益州,一路之上十分顺利,很快就攻打到了涪(fú)城。

在涪城,刘备为犒劳将士举办酒宴。在酒宴上,刘备十分高兴,得意忘形,趁着有些酒意,刘备对庞统说:"今天的酒会,让人十分开心啊!"庞统却正容严肃地说:"因为能够攻打下别人的土地而高兴庆祝,这样的军队不是仁者的军队。"这时,刘备已经喝醉了,听到这话十分生气,怒道:"武王攻打纣王,也是举办酒会和歌舞来庆祝,难道他不是仁者的军队吗?你说的话很不对,请马上离开出去。"话音刚落,庞统就站起来走了出去。刘备见此,一下觉得自己酒后失言,说错了话,就请他回来。庞统虽然回到原来的位置上坐下了,却不看刘备,也不道歉,像没有刚才的事一样喝酒。刘备见此,不由得说句:"刚才咱们说的话,是谁的错啊?"庞统回道:"君臣都有错。"刘备听后大笑,于是,这酒宴上又恢复了刚才欢乐的气氛。

过了不久,刘备包围了雒城(现今的德阳广汉一带),当时庞统率领一部分军队去攻城,却不幸被飞箭射中,去世了,当时才36岁。这让刘备悲痛欲绝,追赐庞统为关内侯。可见,庞统在刘备心中的地位是很高的。

牧野之战

是指殷商末年,周武王在进军到距朝歌70里的牧野地方举行誓师大会,历数了商纣王的许多罪状,鼓动了军队要和商纣王决战。这时候商纣王才停止了歌舞宴乐,和那些贵族大臣们商议对策。这时,纣王的军队主力还在其他地区,一时也调不回来,只好将大批的奴隶和战俘武装起来,凑了17万人开向牧野。可是这些纣王的军队刚与周军相遇时,就掉转矛头引导周军杀向纣王。结果,纣王大败。

刘备攻占汉中

在刘备攻占成都的同时,曹操、孙权等也在积极抢占地盘。215年,曹操亲率十万大军进攻汉中(今陕西汉中东)张鲁。同年4月,曹操大军一路经过陈仓(今陕西宝鸡东)、陕西、河池。到了河池地区,因为当地是氐人聚居的地方,曹军的路过引起了氐人的反抗,结果曹军大败氐人,缴获了大批粮草。等到了7月,曹军刚到阳平(今陕西勉县西北)就遭遇了守在阳平关的张鲁的弟弟张卫的军队。当时,张卫的军队依据山势建筑城池,绵延十多里地,因为占据了险要位置,所以易守难攻。原本曹军信心满满,以为能够势如破竹地拿下阳平关,但是没想到,这张卫大军占据了有利的地势,曹军的几次进攻都被打退了,而且死伤众多。面对这种情况,曹操命令众将暂时退军。看到曹军退兵,平阳关的守军们一下放松了警惕,对曹操的防备也开始松懈了。这时,曹操命令将领解标、高祚(zuò)等率领一小队身手矫健的士兵,趁着黑夜风高偷袭张卫,终于攻破了张卫部队防守,斩杀了张卫几员大将,后来张卫趁机逃走。张鲁见阳平失守,大势已去,于是带了余兵逃往巴中(今四川嘉陵江、渠江上游地区)。曹操于是占领了南郑,洗掠了张鲁的府中珍宝。同年9月,巴中的真人部落投效曹操。12月,张鲁投降。至此,汉中被曹操占领。曹操留下夏侯渊镇守汉中,自己率军回到了邺城。

这时已经占据益州的刘备见曹操占领汉中,十分担忧,因为汉中正是益州的门户,正所谓"若无汉中,则无蜀矣",所以刘备要想保住自己的益州,就必须要夺取汉中。同时,这也是当初隆中对时,诸葛亮对三分天下局势的预测。而且,这时法正看到了眼前的关键局势,所以对刘备说:"曹操占领了汉中却没有

继续攻打益州,这很不像他的风格。如果这样琢磨,可能是他的老巢出现了问题,让他不得不先赶回去处理。但是这益州终究会是他夺取的目标。而且,汉中是益州的门户,咱们也是必须要夺取的。"刘备听了,点头说是。法正又继续说道:"从目前形势看来,曹操回了大本营肯定会忙于处理内部事情,而汉中这边只留下了夏侯渊等人守卫。夏侯渊等人不足为惧,我军中的将领肯定能将他拿下。既然如此,何不马上进军汉中?等夺得了汉中,既能保有益州属地,又能进攻中原。"听此建议,刘备顿觉很妙,非常同意法正的看法,对法正的谋略十分欣赏。于是,217年刘备命张飞先带兵进军宕(dàng)渠(今合川市),与曹军手下大将张郃大战于瓦口(今阆中城东北处双山垭)。

当时瓦口地势险要,而张郃只需重兵把守,张飞也是拿他无可奈何。但瓦口是进军汉中的要道,所以张飞为了引张郃出战,屡屡使用激将法,要么就是到对方阵前大骂,要么就是假装自己喝醉,总之最后终于引得张郃出兵。张郃一出兵等于失去了易守难攻的地理优势,而张飞又是何等勇猛之将,最后打败了张郃,夺取了瓦口,然后收兵回到了南郑,这时刘备、诸葛亮等也带兵回到了成都。后来刘备又派张飞、吴兰、雷铜等攻入武都郡(今甘肃成县西)。而曹操则派了曹洪前去阻挡,没想到曹洪阵前斩了吴兰,获得大胜。张飞等的败退,逼得刘备亲率大军到了阳平关,而这时的曹操派了夏侯渊、张郃、徐晃等将领到了阳平关,双方军队相持不下。由于汉中局势紧张,曹操亲自赶到了长安坐镇,密切关注汉中局势。

到了219年,刘备从阳平关的南边渡过沔水(今汉水),根据山势走向行进,然后在定军山(今陕西勉县东南)驻扎。这时,曹操派夏侯渊出兵与刘备对战,准备夺下定军山,刘备就派出黄忠迎战。由于在和刘备的交手中都得胜了,所以夏侯渊对此一战信心百倍,而曹操知道他有爱骄傲的毛病,不由得提醒他千万不要大意,要多加小心。谁想这夏侯渊压根听不进去曹操的提醒,在

发现刘备是派黄忠来应战时,更是得意大笑,心想:"这么大岁数的一个老家伙,有什么可担心的?"于是就率精兵想要直接攻下定军山,却没想黄忠几次都是用弓箭将他们击退,来回几次,夏侯渊以为黄忠等没有什么其他谋略,所以更加放松,只是告诉手下时刻准备偷袭进攻。几次下来都没有攻进去,夏侯渊下属的这些兵士们不由得有了疲惫之感,只知进攻忘了防备,这时,老将黄忠抓住了时机,即刻带兵趁着曹军疲惫之时出击,当下打得曹军是落花流水。而黄忠更是一个急冲,一刀斩下夏侯渊的首级,震慑了曹军,一时间军心涣散,这场战役获得大胜。夏侯渊的失败让曹操不得不亲自出兵,于是这年3月,曹操亲自带领大军从长安赶赴汉中。而这时,刘备这边早就将自己的优势兵力集中起来,并且都集中在易守难攻的险要地势上,紧紧把守,不轻易出战。曹操则只能率军与刘备大军对峙,用各种办法都无法攻破这险要地势,只能先按兵不动,而刘备也是按兵不动,严防死守,就这样两军相持了几个月。这时候,已渐渐进入暑季,天气越来越热,曹营中又闹出了瘟疫,粮草也快用尽,偏巧,这时孙权也在不断攻击曹操的后方,这样两边受敌,曹操不得不放弃汉中,带军回了长安。

曹操撤退后,将氐人五万多迁徙到扶风郡(今陕西兴平东南)和天水郡(今甘肃甘谷东南)一带居住,用来防范刘备向北进军。其后,刘备先后夺得房陵、上庸等地。最后镇守汉中。

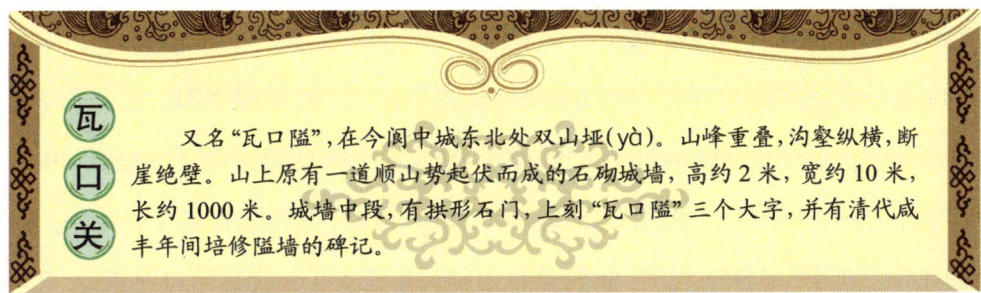

瓦口关　又名"瓦口隘",在今阆中城东北处双山垭(yà)。山峰重叠,沟壑纵横,断崖绝壁。山上原有一道顺山势起伏而成的石砌城墙,高约2米,宽约10米,长约1000米。城墙中段,有拱形石门,上刻"瓦口隘"三个大字,并有清代咸丰年间培修隘墙的碑记。

刘备痛失法正

夺取汉中击退曹操后，219年7月，刘备自称汉中王。第二年法正就去世了，法正的死让刘备痛哭数日而不止。先是失庞统后失法正，这让刘备犹如失去了手臂一样。这法正是如何投奔刘备的呢？

远在196年，天灾人祸不断，天下各处都闹饥荒，百姓们生活很困苦。法正就与同乡好友孟达一起去了四川地区投效了刘璋，但是刘璋没怎么看得上法正。因为得不到重用，法正很苦恼，后来有一次法正的朋友张松走访曹操，回来后劝说刘璋与曹操断交与刘备交好，于是法正就被刘璋派去走访刘备。法正与刘备接触后，从言谈举止中突然发觉这刘备很有雄才大略，如果能够投入旗下肯定能够受到重用。法正思量再三后决定投效刘备，衡量局势后对刘备说："您有统治天下的才能，而刘璋却没有当明主的才能，如果以张松作为内应，里应外合夺取素有"天府之国"之称的益州，以益州为基地，又何愁将来大业不能成呢？"通过这一计策，就能看出法正的才能有多高了，因为当年诸葛亮在隆中为刘备分析三分天下的局势时，就是建议刘备拿下荆州和益州，这法正的意见与诸葛亮的预见正是不谋而合。刘备听了法正的提议，觉得这时法正和张松的倒戈正是时机，随即就率领部队向成都进军。当时，刘璋的部下有个谋士郑度曾向刘璋进谏说："刘备来攻打我军，但兵力不足一万，而且所有士兵也不一定是尽心归附他，他的军粮物资也不充足。估算如果咱们把巴西、梓潼（zǐ tóng）郡内的百姓都赶到涪水以西，把留下的粮仓等物资全部烧毁，再建筑高高的壁垒，挖掘深深的沟渠，静静地埋伏等待。等到刘备到了，咱们守住城门不去迎战，等日子久了，他们粮草短缺，超不过百天就必然自己就退了。

一旦他们要走,咱们就动兵袭击,必定能把他们全部拿下。"刘备听到了法正偷偷传过来的这个消息后,对郑度的计谋十分厌恶和恐惧,但法正却认为刘璋不可能采纳这个计策。他认为,刘璋虽然没有什么才能,但是还算是个爱民的主公,不可能为了打胜仗就毁灭了那么多百姓的家园。所以,他反驳道:"我只听说过抗击敌人来保卫百姓,没听说过要劳民伤财来打败敌人。"刘璋也确实觉得郑度的计策太过于伤民,于是罢免了郑度。法正投靠了刘备后,协助刘备参加大小战役。在进攻雒城的时候,庞统不幸中箭身亡,刘备就正式任命法正为谋士,继续征战。

214年,刘备率军包围了成都,这时,成都的太守许靖偷偷出城准备投降,但半路被人发现,因为是在城池存亡的危急关头,刘璋觉得不适合诛杀自己的人,于是放过了许靖。等到被打败,刘璋投降后,刘备因为这个许靖很不讲忠义,在那么危急的生死关头居然背叛自己的主人,这样的人也不值得重用,所以一直没有任用许靖。这个许靖虽然贪生怕死,但是他和他的弟弟徐勋却是闻名天下的名士。法正看到了这一点,于是就对刘备进谏说:"天底下最有名无实的人可能就是许靖了,但是主公刚刚开创大业,而许靖又名满天下,如果您连他都不用,天下的贤人可能就会觉得您不重视有才的人,这样天下的贤人就不会来投奔您。"刘备听此话很有道理,就重用了许靖。如此一来,确实为刘备赢得了更广的善用人才的名声。后来,法正被任命为蜀郡的太守和扬武将军。

217年,法正根据天下局势,向刘备献计,认为当前曹操打败了张鲁,却没有继续进攻益州,而是留下了夏侯渊和张郃(hé)带兵驻守汉中,这其中一定有些问题,最可能的就是由内部叛乱,所以牵制曹操没有继续用兵。但是,夏侯渊和张郃的能力恐怕守不住这汉中,应该立刻发兵夺取汉中。刘备一听,觉得很对,马上率领部队进攻汉中。219年1月,法正看准了时机劝刘备进攻,刘备带兵夜袭了夏侯渊,果然大败了夏侯渊,夏侯渊被黄忠斩杀,刘备占据了汉中之战的主动权。后来曹操得此消息,也不由得感慨法正的机敏才智。

可惜,天妒英才,刘备称王汉中的第二年,法正就去世了。失去了如此英才,怎能不让刘备痛哭流涕呢?

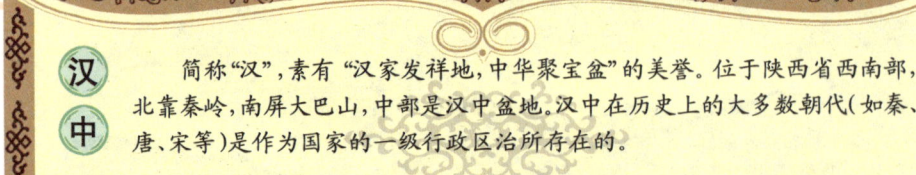

汉中 简称"汉",素有"汉家发祥地,中华聚宝盆"的美誉。位于陕西省西南部,北靠秦岭,南屏大巴山,中部是汉中盆地。汉中在历史上的大多数朝代(如秦、唐、宋等)是作为国家的一级行政区治所存在的。

孙权劝学

扫码查看
- 中华故事
- 典故趣闻
- 能力测评
- 学习工具

刘备在汉中称王，自然让吴国的孙权和魏国的曹操更加顾忌，视为心腹大患。所以之后一段时期，三国之间征战不断。

吴国这时期折损了一位出色的谋士，那就是周瑜。鲁肃继周瑜掌管了吴军之后，在上任的途中路过吕蒙的驻地。当时吕蒙摆下酒宴款待鲁肃。鲁肃不知吕蒙私下读书很多，还以为他像原来那样是一个识字不多的鲁莽将军，有勇无谋。但是，两人在酒宴上谈论起国家大事和天下情势的时候，吕蒙说出了不少非常有见地的想法，这让鲁肃很吃惊，与吕蒙竟然越说越契合，两人一直谈到深夜，酒过三巡还没结束。第二日，鲁肃醒来与吕蒙拜别的时候，十分感慨地说道："我以前以为老弟只有武略，但昨晚一番通宵彻谈之后，我才知道，老弟的学识十分渊博，见识出众，真不是以前吴下阿蒙了。"吕蒙听后，沉稳回道："将士分别三日，都该刮目相看。兄长今日既然继任了统帅，且才识不如周公瑾（周瑜），驻地又与关羽很近，以后行事确实更不容易了。听闻关羽虽然年纪渐大，但是却非常好学，读《左传》朗朗上口，为人十分耿直又颇有英雄气概，但也很自负，兄长以后与他离得近了，恐怕也有很多需要注意的地方。如果不嫌弃，请听我一言。"鲁肃连忙请教，于是吕蒙为鲁肃筹划了几个计策,以用来对付关羽,鲁肃非常感激地接受了。

说来这吕蒙可算是孙权旗下一员大将,小时候家里比较困苦,所以吕蒙读书很少,虽然后来做了大将军,掌管军中大权,但相对于吴国其他将领和官员来说,孙权还是觉得吕蒙如果能够再多些学识就更如虎添翼了。于是,有天孙权对吕蒙说道:"你现在已经是掌管军中事务的大将军了,不能不多学习学习。"吕蒙刚开始十分不愿意,一是年岁渐长,二是事务确实繁忙,所以就以公务繁多做借口推辞了。但孙权却说道:"我也不是让你像文官那样整天研究经书,只不过是要你粗略地多看些书,了解些历史。再说了,你事务繁多,难道比我事务还多?我年轻时候就读过《诗经》《尚书》《礼记》《左转》等,只是没读《周易》。后来执政之后慢慢发现了原来读书多的好处,然后又读了不少史书和兵法,那受益更多。而你又是聪明的人,如果能够再多学习些历史和兵法,可能比我的收获还多。而且孙子曾经说过:'整天不吃不喝,整夜不睡地空想也没有什么好处,还不如去多学习学习。'汉武帝担任着指挥战争的责任,还仍然手不释卷,每天都看书。曹操也说自己老而好学。你怎么能不上进呢?"听此话后,吕蒙觉得很惭愧,从此真就认认真真地学习,而且越读越多,连一些经常读书的老儒生都比不过他。也因此,吕蒙后来不但让鲁肃刮目相看,在日后对战蜀国大将关羽的时候,出计伪装白衣渡江,又算出关羽失败后可能会由麦城逃走,为吴国削弱了蜀国的实力立下不小的功劳。

《左传》

原名为《左氏春秋》,汉代改称《春秋左氏传》,简称《左传》。旧时相传是春秋末年左丘明为解释孔子的《春秋》而作。《左传》实质上是一部独立撰写的史书。它记载了从鲁隐公元年(前722年)起,至鲁悼公十四年(前477年)间的历史,以《春秋》为基础,通过记述春秋时期的具体史实来说明《春秋》的纲目,是我国古代重要经典之一。

大意失荆州

吕蒙刻苦学习后果然如虎添翼,在其后与刘备的交战中制订出了很多重要的策略,让刘备失去了关羽,同时也失去了荆州。

刘备做了汉中王之后,命驻守荆州的关羽向曹仁镇守的樊城进攻,想要彻底夺下荆州八郡,实现当年诸葛亮《隆中对》里预测的三足鼎立的局势。于是关羽留下太守糜芳镇守江陵,将军傅士仁镇守公安,自己则亲率大军进攻樊城。曹仁得知此这个消息后,立刻命令于禁、庞德分别把守樊城北角,好与自己相互呼应,但这时候的于禁犯了一个错误。于禁没有考虑到当时樊城的地形,直接将自己部将都安扎在地势较低的地方,以为便于防守,但是,当时

已经到了8月，恰赶上接连几天大暴雨，一时间洪水浸满樊城，于禁和他的部将们都来不及逃脱，就都被洪水淹没在营中，后来只有少数几人逃脱了出来。关羽趁机乘战船发动猛烈进攻，于禁大败，不得不投降。庞德带领的士兵虽然继续和关羽负隅(yú)顽抗，但战役从早到中午，不仅弓箭都用尽，而且士兵们也都精疲力竭，这时水势又上涨，顿时淹没了曹军仅存的高地，结果庞德战败，被抓处死。突破了樊城的外围之后，关羽乘胜追击，下令围攻樊城，并分出一部分兵力围攻襄阳。这时曹仁在樊城的守卫只有1000左右，而樊城的外围护城墙又因为大水冲击而多处塌陷。面对此景，曹仁考虑是不是应该放弃樊城，但被汝南太守满宠劝住了。满宠说道："山洪暴发来势凶猛但去得也快，这水不会淹太久。我听说关羽已经派遣一部分兵力到了郏(jiá)(今河南郏县)，自从关羽进军以来，如果遇到百姓，关羽轻易不敢用兵。如果今天我军退走，那么以后这片土地就不再是我们的领地了。请您再好好想想。"曹仁细细思量之后，觉得满宠说得有道理就决定死守樊城，于是鼓舞士兵齐心协力共同抗敌。樊城外，关羽虽然乘船猛烈攻击，但是一时半刻也拿不下樊城。而这时，荆州刺史胡修、南乡(治南乡，今河南淅川东南)太守傅方都向关羽投降，陆浑(今河南嵩县东北)人孙狼等也杀了当地官吏起兵响应关羽，一时间关羽的声势不断壮大起来，震慑了天下。

面对队伍不断壮大的关羽，曹操召集手下所有将领谋士共同研讨对策，一个谋士给曹操献计，让曹操怂恿孙权出兵，趁机攻打关羽后方，并许诺将江南地区让给孙权。孙权权衡利弊，毅然派大将吕蒙出兵攻打荆州。当时，关羽正忙于围攻樊城，荆州是由糜(mí)芳和傅士仁分兵把守。吕蒙设计，命手下士兵都身穿白衣，伪装成商人，分批坐船渡江。而荆州这边糜芳和傅士仁没有察觉，竟让吕蒙及大军渡江成功。等到他们察觉时，大军已经兵临城下。糜芳和傅士仁大惊，面对吕蒙大军二人不敢迎战，开城门投降。至此，吕蒙轻易就攻

占了荆州关羽的大本营。吕蒙进城后抓捕了关羽的家人,但并没有为难他们,而是好生安抚。对城内百姓也没有干扰,在最短的时间内安抚了全城的百姓。这时,正在攻打樊城的关羽还不知道大本营已经被攻占。后来曹操派信使让樊城内外的曹仁和关羽都得知了这个消息,当时曹仁大军顿时士气大增,而关羽大军则心忧后方,攻势顿减。前面就是久攻不下的樊城,后面又是被孙权攻占的荆州,面对前后夹攻,关羽进退两难,这时曹操派徐晃用计攻进了关羽部队的后方驻地,致使江陵失守。到了这个地步,关羽只能带领剩余部队返回荆州,准备夺回荆州。樊城之围被解,曹仁本想追杀关羽,参军赵俨认为孙权还有兵力在关羽后方,想要让关羽和孙权去厮杀,曹军这边就不再追击,曹仁同意了他的看法没有再追击。

这时的孙权果然派了伏兵在关羽后退的必经之路上,两军交战,关羽被逼迫只能携剩余兵力从麦城突围。吕蒙知道关羽只剩下很少的兵力,判断关羽可能会从麦城北边逃走,就事前派了士兵到那里埋伏。这边,孙权派使者到麦城劝关羽投降。关羽让吴军后退 10 里,自己却和儿子关平带着十几个骑兵偷偷向北门逃去,不料被早就埋伏在那里的吴军抓到。孙权面对关羽,劝他投降,关羽宁死不屈,结果关羽及儿子关平在临沮被潘璋所杀。就这样,关羽被杀,荆州失守。

因为关羽身上具备忠、义、信、智、仁、勇的精神,在后世,逐渐演变为一种精神和文化。在国内,关羽不仅受到儒家的崇敬,同时又受到道家、佛家的膜拜,在海外有众多的关公庙,甚至日韩东南亚也有很大的影响。随着关羽地位变得显赫,关羽更被尊称为"武王""武圣人",与孔子并肩而立。

七步成诗曹植避祸

公元220年,曹操病死,曹丕(pī)称帝,建立魏。曹操的逝世对三国鼎立的局势的形成有不小的影响。当时,曹丕称帝建立魏国也是为了马上稳定局势。但曹丕的称帝也就意味着,当时曹操其他的儿子中失去了当皇帝的机会,这其中就包括曹植。

曹植是曹操比较喜欢的儿子,从小就文采出众,十多岁就能熟读诗书,出口成章。铜雀台建成之时,曹操也带众多臣子和儿子登台设宴,曹植登台便作

一首《登台赋》，深得曹操的喜爱。为此，曹操多次对身边的人说过想要立他为世子，但曹植性格大大咧咧，往往随性情而行事，虽然为人和善，没有威仪，但也不特意去培养自己从政的能力，而且经常没有节制地喝酒。这时的曹操的前两个儿子都死了，按序应该立曹丕为世子，但曹操对曹植的特殊喜爱，让曹丕自然十分警惕，一面忌恨曹植，一面多在曹操面前争取表现，不仅得到了很多老臣的支持，也得到了曹操的认可。

219年，曹仁被关羽围困，曹操命曹植为南中郎将，带兵前去应战救出曹仁。这个消息曹丕提前得知后，在任命传到前就特意邀请曹植过去吃酒，曹植不知其中情况被曹丕灌得大醉不醒，等到传令官来了也不能接听。曹操知道后十分震怒，原本有意提携曹植却看到儿子这么不争气，于是放弃了对曹植的寄望，转而命曹丕前往，后来立曹丕为王世子。

第二年，曹操去世，曹丕继位，同年10月逼献文帝退位，成立了魏国。曹丕虽然做了皇帝，但对曹植的才能还是很忌恨，而曹植自曹操去世后也自知大势去矣，更加放纵喝酒，并常责骂下人，也曾经把曹丕的使者扣押了起来。这些就让一些有心的人造谣生事，说曹植招兵买马，想要造反。曹丕于是趁机抓了曹植，想要斩杀他，但空口白话有点不能服众，而且无凭无据也不能治死罪于曹植。于是在审判曹植的那天，曹丕集结了一些大臣和兄弟，准备当面给曹植定罪处死他。

曹丕命曹植在大殿上走七步，七步之内作诗一首，以"兄弟"为内容但又不能出现"兄弟"二字，否则就要杀头。曹植深感兄长想要杀掉自己的念头，摇头沉郁地走了六步，这几步让曹丕和一些大臣不由得紧张万分，心都提到了嗓子眼儿，眼看着第七步就要迈出去……曹植忽然悲戚高声诵出："煮豆燃豆萁(qí)，豆在釜(fǔ)中泣。本是同根生，相煎何太急。"然后从容迈出第七步。然而此诗一出口，曹丕及一干大臣无不震惊。曹丕反复细念了这首"七步诗"，不由得回想起了小时候长兄尚在，他们这些下面的弟弟们还都很是友爱，没有敌对意识，一股沉寂已久的兄弟情又涌上心头。感慨万分的曹丕虽明知曹植放不得，但有言在先，而此诗又如此难以辩驳，为了服众便放过了曹植，赦免了死罪，但也是贬职发放到较远的封地。曹植从此再没有机会踏入朝堂，没过几年就抑郁而死了。

煮豆燃豆萁，豆在釜中泣

豆萁，大豆的豆秸(jiē)，是大豆脱粒后剩下的茎，晒干后可以当柴烧。"萁"是指豆的茎和根。"釜"是指大锅。"煮豆燃豆萁，豆在釜中泣"这句话的意思是，豆子和根茎本来都是长在一块的，是个整体的，但煮豆子的时候却用它的茎和根来烧火，豆子眼看着快要被煮熟了，只能在锅里哭泣。这里采用了拟人的手法，暗示了兄弟手足之间相互残杀。

杨修聪明反被聪明误

其实,曹操最终选择曹丕而不是曹植做继承人,也是有一些预兆的,尤其是杨修的死就暗示出了曹操对曹植的失望。

曹操的旗下有不少将帅,谋士也不少,其中有位谋士虽然十分有才学却被曹操所忌,他就是杨修。杨修是袁术的外孙,但效力于曹操,被任为主簿。因为杨修十分聪明,所以曹操一开始是十分器重他的。在曹操继承人争夺战中,杨修比较倾向曹植而不是曹丕。但杨修的一些行为还是让曹操颇为忌讳。

这天,曹军兵将作战十分辛苦,正在阵营中休息。这时,有传令兵拿来一盒糕点,说是曹操命令拿来,却没有其他嘱咐。将领们纳闷了,不知道曹操是什么意思,就见糕点盒上写着"一盒酥(sū)"。正在将领们挠头的时候,杨修路过此地,见将领们十分苦恼,不由得问了一下,得知事情经过后,只见杨修仔细看了看这"一盒酥",当即就把糕点盒打开,给每个将领都分了一块。将领们十分惊讶,不知道杨修是什么意思,都傻呆呆地望着杨修。就见杨修狡黠地一笑,说道:"这明明就是丞相给大家的奖赏,因为盒子上写着一人一口酥。"原来古代的文字多是竖排写,这样"一盒酥"拆开一念就是"一人一口酥"了。这样,将领

们十分开心地吃了下去。杨修则笑笑走开了。过了一会,曹操派人来问那盒糕点如何处理了,众将领说了当时的经过。待那人回报曹操后,曹操虽佩服杨修的机敏,但对于他的行为倒留意了起来。

又有一次,曹操带兵打汉中的时候失败了,想要继续进兵,却又怕马超坚守阵地,这样一时也拿他不下;想要收兵,却又怕蜀将们嘲笑。为此事,曹操十分犹豫,下不了决心。到了吃饭的时间,曹操下属送来了鸡汤,看到鸡汤中的鸡肋(lèi),曹操没有动手去喝,反而因为鸡肋陷入了沉思。这时副将进来,询问夜间交班的口令是什么,曹操一时心不在焉,随口说了句心中所想:"鸡肋。"副将很奇怪,但见曹操面无表情也没敢多问,出来后告知主簿,今日夜间口令是"鸡肋"。杨修得知此事,沉思一会,便吩咐下属的士兵收拾行装,随时准备回家。士兵们都很奇怪,这本是来攻城的,怎么没完事就要回去了,没接到撤兵的命令啊。杨修回道:"今晚丞相传下口号是'鸡肋',这就能看出丞相的心意是有退兵的想法。所谓鸡肋,就是吃着没有什么味道,但扔掉又觉得可惜。现在咱们的局势就是:继续进攻也无法取胜,马上退兵又怕遭到蜀国嘲笑。这样再在这里待下去也没有什么意义了。但估计丞相也快下命令了,咱们回家也就是这几天的工夫,告诉你们早早准备行囊,是免得到时候乱了手脚。"不想这番话传到了曹操的耳朵里,虽然杨修说得没错,但本想遮掩一下却被杨修看穿心思,还说了出去,这件事让曹操一直怀恨在心。因为杨修平时在其军内气焰嚣张,总觉得自己很聪明,曹操觉得他终究会是祸患,过了不久就找个理由将他杀了。

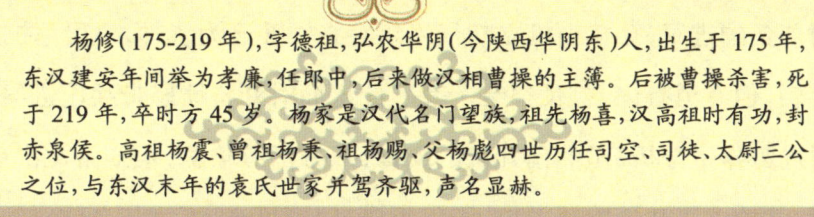

杨修(175-219年),字德祖,弘农华阴(今陕西华阴东)人,出生于175年,东汉建安年间举为孝廉,任郎中,后来做汉相曹操的主簿。后被曹操杀害,死于219年,卒时方45岁。杨家是汉代名门望族,祖先杨喜,汉高祖时有功,封赤泉侯。高祖杨震、曾祖杨秉、祖杨赐、父杨彪四世历任司空、司徒、太尉三公之位,与东汉末年的袁氏世家并驾齐驱,声名显赫。

夷陵之战

扫码查看
- 中华故事
- 典故趣闻
- 能力测评
- 学习工具

221年，刘备称帝，建立国号蜀。同年，孙权向魏称臣，被封为吴王。

荆州失守，关羽被杀，这让刘备不仅损失了一员大将，一个好兄弟，更失去了蜀国最重要的战略用地。为此，刘备准备发兵攻打吴国。虽然这时候诸葛亮、赵云等人都劝阻刘备，魏国实力渐强，此刻应该联合吴国共同抗魏，但失去兄弟的痛楚让刘备无法再理性对待。于是，刘备亲率大军准备攻吴。

这次攻吴刘备是抱着必胜的信念和报仇的心态，集结了蜀国大部分兵力，而只留诸葛亮等人留守成都。这时蜀吴的疆界主要是在巫山附近，那么长江三峡就成为了两国之间攻防的要塞通道。刘备先派吴班、冯习率领4万多人做先锋，抢先占领三峡的关口，作为攻入吴国境内的豁口。吴、冯二将击败吴军，占领了秭归。刘备随后亲率部将经过秭归，走崎岖的山道进入夷陵，然后坐镇猇（xiāo）亭（今湖北宜昌南部）指挥大军。为了防备曹魏趁机偷袭，刘备命令军队沿路扎下十几个大寨，并命黄权驻扎长江北岸，既可防吴又可察魏。这边又命马良到武陵郡，争取到了当地部落首领沙摩柯的帮助，一起对抗吴国。

孙权虽取得荆州，但为了稳固疆土，多次向刘备求和都被拒绝，另一边还要防止魏国的进攻，为避免两面受敌，无奈之下只能暂时向曹魏称臣。同时，面对刘备的进军，孙权当机立断任用年轻将领陆逊为统帅，率吴军抗刘。陆逊虽年轻，但有勇有谋，打仗很有一套。此次面对刘备愤怒带兵压进吴国，陆逊针对局势作了分析，虽然前几次的交锋，双方都有输赢，但刘备此次前来兵力雄厚，又抢占了几处险要关口，士气正盛，锐不可当，不宜与之硬碰硬，而吴军对于吴国境内地形十分熟悉，与其和蜀军针锋相对，不如利用有利地形，各个击破敌人的优势兵力。因此，陆逊大胆果断地实施了策略性的退让，一直到猇亭，然后占据那里的有利地势，作好防御，遏制了蜀军的进军。从局势上看，虽然刘备大军步步逼近，但已经进入了崇山峻岭的崎岖山路中，被迫拉长了战线，原本浩浩荡荡的大军在山路中不得不排成长长的一排。

为了能让陆逊出兵应战，刘备一个劲地向他挑衅，但陆逊不为所动，就是不出兵。面对陆逊的只守不攻，刘备想要引蛇出洞，于是派一部分兵马围攻驻守在夷道的孙恒。孙恒是孙权的侄子，把守着吴国的战略要塞夷道，面对蜀军的进攻，他稳扎稳打，没有丝毫的畏惧和退让。然而陆逊这边很多将领却颇为担忧，纷纷请求陆逊分兵前去援助。陆逊对孙恒和夷道的军略物资都有所了解，知道孙恒能够坚守住夷道，而且夷道地势险峻易守难攻，刘备攻打夷道也可以削弱他的兵力，牵制住他的注意力。虽然当时陆逊心中有数，但其他吴军将领都十分不理解，纷纷埋怨陆逊，陆逊却置之不理，并不在意。后来，孙恒也曾对孙权说过："刚开始是很不理解陆将军为什么不来救援，到了今天我才明白这么做的道理。"

中国历史故事

　　这边陆逊越是沉稳，那边刘备越是坐不住了，于是频繁派人前去叫阵，甚至辱骂陆逊，企图利用优势兵力与吴军大战，但陆逊面对挑衅依然沉稳如故。当时吴国的一些将领们愤愤不平，想要出战，陆逊却严厉制止，甚至军法处置。但这让一些自恃资格老、经验丰富的老将很不服气，对此陆逊说道："刘备之名天下皆知，曹操都有所忌惮，今天刘备大军压境，非常强势。诸位将领更应该齐心协力，共同谋议如何应对，将他打败。我虽然是书生，但受命于主上，而主上之所以让我这一年轻小子来做主帅，让你们屈尊服从我的命令，就是因为知道你们是有经验的将领，能够忍辱负重。现在咱们都各司其职，军令如山，不可违抗。"此言一出，总算压下了这些将领的不满。

　　就这样，两军相持了大半年，陆逊也不应战，刘备不断挑衅，但陆逊所带吴军以逸待劳养精蓄锐，而刘备大军则由于时间过长，士气逐渐低落，适逢夏日，烈日炎炎，很多将士都耐不住酷热煎熬，于是刘备不得不将一部分把守水岸的将士调转上山，在一些山林之间安营扎寨，好让将士们熬过苦夏，等到秋后再发动攻击。此次带兵很

多，而山野中道路狭小，所以战线拉得很长，山路崎岖陡峭，很多后方的军用物资送不到前方，物资短缺更加影响了士兵的士气。

陆逊观察到刘备大军情绪变化之后，暗自窃喜，认为反攻的时机已到。为此他曾在写给孙权的战况汇报里说明了自己的策略，之所以没有迎战刘备，是因为先前刘备大军士气高涨，同时又增加了水路的进攻，这样水陆两面攻击，对吴国是十分不利的。现在由于拖延时间，刘备不得不将水军调到陆上，这必然减轻了吴国的压力。现在只需要考虑怎样能够打败刘备陆上的主力部队就可以了。这也算是集中优势兵力击破敌人的有生力量。孙权对此十分赞同。于是，陆逊开始下令进行反攻，但前几次进攻都失败了，这让原本就对陆逊不满的吴军将领纷纷嘲笑陆逊，而陆逊却胸有成竹地说："我有办法了。"就见陆逊命令吴军士兵手持茅草火把，趁着天黑突然袭击刘备大军的营寨，顺着风向投掷火把，蜀军营寨本来就建在山林之间，林木遇火易着，顿时火势冲天，刘备大军顿乱阵脚，陆逊趁机率领大军攻击，将刘备大军打得溃不成军。待刘备带兵回逃的时候，山路崎岖，行军速度很慢，陆逊集中兵力，利用地形四处围攻，又歼灭了刘备大部分军队。至此，刘备趁夜突围逃到了石门山，又被孙恒的部将追杀，差点被抓。后来依靠部将放火烧了一些物资来堵住山路，才摆脱了追兵，逃进了白帝城。此番征讨吴国刘备大败，蜀国元气大伤。

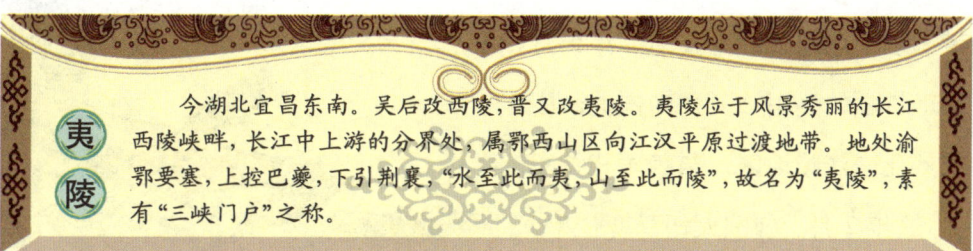

夷陵 今湖北宜昌东南。吴后改西陵，晋又改夷陵。夷陵位于风景秀丽的长江西陵峡畔，长江中上游的分界处，属鄂西山区向江汉平原过渡地带。地处渝鄂要塞，上控巴夔，下引荆襄；"水至此而夷，山至此而陵"，故名为"夷陵"，素有"三峡门户"之称。

濡须口之战

夷陵战役之前孙权曾为了避免魏国同蜀国一起夹击自己而向魏国称臣,当时魏王曹丕封孙权为吴王,并要求孙权将儿子送入魏国做人质,当魏国使者来接孙权儿子的时候,孙权指天为誓,表明自己的忠诚心迹,情到深处不禁痛哭流涕,这让魏国的使者不好强迫了,于是使者无功而返。这事让曹丕很恼火,再次派使臣去吴国,却又是空手而归。这时夷陵之战结束,吴国胜。

眼看着吴国渐渐强大,而吴国又不送人质过来,曹丕怒极下令攻打吴国。当时兵分三路:一路以曹休为帅攻洞口(今安徽和县江边);一路以曹仁为大将出兵濡须;一路以曹真为统帅带兵攻打南郡(今湖北公安)。面对曹丕如此攻势,孙权立刻也兵分三路迎战,其中大将吕范以水军抵御曹休,左将军诸葛瑾率众救南郡,裨将军朱恒固守濡须。面对孙权拒不交人质的态度,曹丕准备亲自出军。到了11月,派出的三路人马情况都有变化,其中以水军抗魏的吕范由于江上风大战船屡次被吹翻,作战失利,死伤数千,带领余军退到了江南。第二年正月,诸葛瑾带领的吴军被夏侯尚击退,但吴将朱然死守江陵地区,与魏军相持不下。这年2月,魏国大司马曹仁率兵进攻濡须。曹仁进攻前先放出

消息要向东进攻,先拿下羡溪,朱恒得知后连忙派兵前去救援羡溪,却不想曹仁虚晃一枪就带兵开赴濡须,眼下离濡须就差70里了。朱恒这时再想将援军召回已经晚了,面对曹仁大军,朱恒部将们都很担心畏惧,因为这时他们只剩下5000左右的兵力。朱恒为安抚部将,将眼前局势分析给他们说道:"都不要惊慌,两军交战不是全凭兵力多少,关键是看领军的将帅的能力。曹仁用兵哪能敌得过我?兵法常说,防守并不需要多少兵力,只要有对方一半的兵力就可以防御比自己多几倍的进攻,这还是说平地作战,因为没有城池作抵挡,双方多数士兵的装备还有士气等。现在曹仁率军千里迢迢赶来,必然是疲惫万分,我们却据守在高大的城墙后,南面是长江,北面是山陵,都是自然天险;再加上我们以逸待劳,并且对此地情况熟悉,种种条件都对我们有利,即使是曹丕亲自来了我们都不怕呢,更何况现在来的只是曹仁呢?"众将听了觉得很对,一起行动起来准备抗魏。朱恒当时命令兵将们把围墙上的旗帜都拿下来,假装兵少十分薄弱,容易被攻破的样子。曹仁果然上当,派儿子曹泰突袭濡须城,另一面又派兵一大早乘坐油船去袭击中洲,中洲是朱恒及其将领们的家眷的所在地。面对此景,朱恒亲率一小部分士兵偷袭油船,将魏军打败并斩了来此的魏军将领。另一边,朱恒又率兵迎战曹泰,用火攻烧了曹泰的营寨,逼退了他们。前后杀敌1000多人。这些战绩让曹仁大吃一惊,再加上当时魏军确实是长途跋涉再加上水土不服,军中疫情渐渐严重,无奈之下,曹仁只能撤退。

是谁草船借箭

在《三国演义》里,诸葛亮草船借箭的故事已经深入人心,被后人津津乐道,后来被改编成了各种戏曲和民间戏剧。但在历史上究竟有没有草船借箭呢?据《三国志》记载,历史上的确有过草船借箭,但主角却是孙权。目的并不是向曹操"借箭",而是借着江上的大雾,去刺探军情。

吴蜀通和

夷陵之战后,蜀国元气大伤,刘备逃到白帝城附近的永安城,越想夷陵之战越懊恼,最后抑郁而病倒,诸葛亮等得知消息后连忙带着刘备的儿子刘禅赶往永安城。刘备此次病倒再没起来,临终前将诸葛亮和李严叫到床前嘱咐,对诸葛亮说道:"您的才能胜过曹丕十倍,能够安邦定国,将来必定能成就大事业。如果我的儿子可以辅助,就辅助他;如果他实在不成才,您可以自行定夺。"闻此言,诸葛亮不由得痛哭失声,对刘备说道:"臣必定会竭尽全力,效忠后主,直到死为止。"刘备闻言微微点头,又对儿子刘禅说道:"你以后要像对待父亲一样对待诸葛丞相。"刘禅点头称是。至此,刘备放心地闭上眼睛。

刘备病故,刘禅继位。刘禅遵循先帝刘备的嘱托,事无大小都

向诸葛亮请教,而诸葛亮也遵循对刘备的承诺,对于蜀国无论大事小情都会亲自去处理。此时蜀国换主,之前夷陵之战又伤了元气,正是该休养生息的时候,所以诸葛亮提倡与吴国议和。先前刘备活着时,孙权因为夷陵之战吴国得胜,为了稳固已经得到的荆州、防备魏国趁机偷袭,也正想与蜀国和好,所以曾经派使者过来议和,当时刘备也知道这时蜀国与吴国议和利大于弊,也派了宋玮、费祎(yī)作为蜀国使臣回访。当时双方算是初步和好,现在刘备去世了,这个吴蜀"和"的局面是否会被打破呢?诸葛亮非常担忧孙权的反应,但又不知孙权那边的情况,这时邓芝前来拜见诸葛亮,说道:"现在蜀国的君主还年幼,刚上任不久,应该派使臣去吴国与孙权结好。"

诸葛亮大喜,回道:"我琢磨这个事情很久了,一直不知道该怎么办才好,现在我知道该派谁去了。"

邓芝问是谁,诸葛亮说:"就是你。"

于是下令派邓芝前往吴国去办这件事。

邓芝来到吴国并没有马上见到孙权,因为邓芝的到来,让孙权感到奇怪,不知道他来的目的,所以没有立刻接见他。邓芝就写了一封信递交给孙权,其中说道:

"臣现在过来是为了吴国好,而不仅仅是为了蜀国。"

孙权更觉奇怪,于是接见了邓芝,对邓芝说道:

"我原本是想和蜀国和亲,但是蜀国现在的君主还很小,而且我们国家这么小,目前形势又这么严峻,恐怕会被魏国攻打,到时不能自保,这就是我担心的地方。"

邓芝回道:"吴、蜀两国共占据了四个州郡的土地。大王您是英明的君主,诸葛亮也是当世的豪杰。蜀国有险要的地方可以防守,吴国有江河可以阻隔敌人,如果两国集中优势兵力,像嘴唇和牙齿那样相互依靠,发展好了可以得

到天下,退一步讲也可以各自为王,三国鼎立,就是这个道理。大王今天如果向魏国称臣,依附到了魏国,那么魏国一定会要大王您入朝拜见,而且还要大王的儿子去做人质。如果不服从,魏国必然会有借口讨伐吴国,而蜀国则依据自身的利益肯定也会帮魏国一同来攻打吴国,这样的话,恐怕以后江东地区就不再会是吴国的领地了。"

孙权闻言沉思了很久,点头称是。于是就与魏国断绝了往来,同意与蜀国联合。为了议和,孙权派了张温去蜀国,作为回访,邓芝又被派来吴国。

由于上次的接触,孙权觉得邓芝很有头脑,很乐于和他交流。这次,孙权有意地试探邓芝说:"如果天下太平了,由两个君主分别治理,这样也算一件乐事吧?"邓芝很坦白地回道:"天上没有两个太阳,地上自然就没有两个君主的道理。如果蜀吴真的打败了魏国并吞并了魏国,大王您那时如果还未能看透天命,而两国的君主都为了各自的国家而建立功德,两国的臣子也为了自己的国家效忠,那时恐怕难免会有利益之争,两国之间也就难免爆发战争了。"

听了邓芝这么诚实的回答,很出乎孙权的意料,不由得大笑起来,很欣赏邓芝的坦诚,对邓芝说道:"您诚实的态度,真是太好了。"

之后孙权曾经有书信给诸葛亮说道:"蜀国来的使者中,丁厷说起话来夸夸其谈的,好话说得没完没了,能够真正打动我决定与蜀国和好的,只有邓芝这个人。"就这样,吴蜀两国经常互通有无,形成联合。

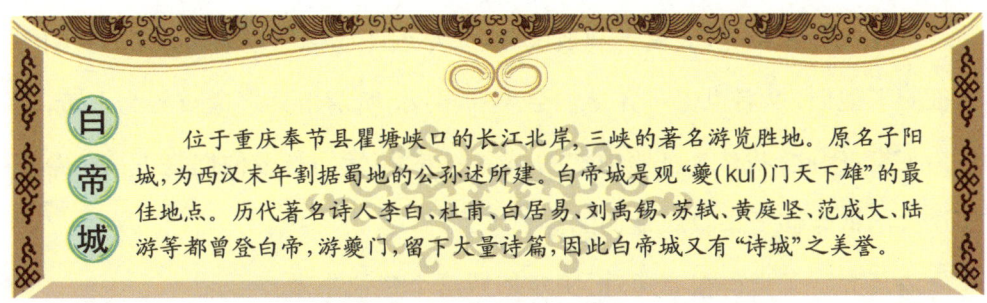

白帝城 位于重庆奉节县瞿塘峡口的长江北岸,三峡的著名游览胜地。原名子阳城,为西汉末年割据蜀地的公孙述所建。白帝城是观"夔(kuí)门天下雄"的最佳地点。历代著名诗人李白、杜甫、白居易、刘禹锡、苏轼、黄庭坚、范成大、陆游等都曾登白帝,游夔门,留下大量诗篇,因此白帝城又有"诗城"之美誉。

诸葛亮七擒孟获

白帝城刘备托孤后,诸葛亮辅助刘禅登上帝位,历史上称刘禅为蜀汉后主。刘禅做蜀国君主后,对诸葛亮很是恭敬,朝廷内外大小事情大多由诸葛亮辅助作决定。当时刘备夷陵之战大败,蜀国大伤元气,后来刘备去世,诸葛亮力争与吴国议和修好,这样魏国也不敢轻易进犯,给蜀国内部调整休养生息争取到了较好的外部环境,同时对内鼓励农耕、兴修水利、发展经济。这样,蜀国在慢慢恢复中。由于蜀国地处四川境内,还有一些较偏的蛮荒地区没有完全归附。同时,刘备的去世,让蜀国一些地区的大地主觉得有机可乘,于是杀死当地太守,发动叛乱。其中闹得最凶的就是益州的雍闿,他还联系了南中的一个叫孟获的少数民族的首领,和西南的一些部族,还获得牂牁(zāng kē)(今贵州遵义一带)太守和越嶲(xī)部族酋长的响应。由于这些反叛的势力越来越大,呼声越来越强,诸葛亮放心不下,决定亲自去征讨这些叛贼,稳固蜀国江山。朝廷内部当时的争议也很大,有的老臣认为那些不过都是荒凉的不毛之地,派些大将去镇压就可以了,何必要诸葛亮亲自前往,也很担心诸葛亮安危。但诸葛亮觉得蛮荒之地的人更不好俘虏,只有亲自前往才能更好地稳定蜀国边境,于是,诸葛亮带着大军出发了。出发前,参军马谡(sù)向诸葛亮献策,说道:

"南中地区的那些人仗着离成都较远,早就不怎么服从管理了;但我们今天征服了他们,以后也保不齐他们会不会再反。所谓用兵之道攻心为上策,攻城为下策;因此,我认为征服他们的心是上策,用武力打败他们是下策。希望您这次出征能够一举收服他们的心。"

诸葛亮听了觉得很有道理,决定依照这个建议来做。

诸葛亮是很有谋略的人,此次又带着大批将领,南征的初期,沿路打了不少大小的战役,都一一胜利。正在前进途中,听闻雍闿和越嶲酋长高定发生了内乱,双方激战数次,高定的手下杀了雍闿,成为了一时的首领。这倒帮了诸葛亮一个大忙,于是诸葛亮率军进军越嶲,打败了高定收服了高定的余下部队。同时,诸葛亮派李恢、马忠分别进攻牂牁,马忠打下了牂牁,消灭了当地的叛军。前后不过几月,这些叛乱的地区就大部分都被平定,只余下南中的少数民族头领孟获,孟获很有头脑,前期虽然高定与雍闿内乱,但他收集了雍闿的散兵,再集结自己的兵力,形成了一股反抗蜀国的较大势力。

平定了大部分叛军的诸葛亮并没有放松警惕,因为传闻这支叛军的首领孟获,不但骁勇善战而且在南中地区各民族中很有威望。对待这样一支队伍,诸葛亮不禁想到了马谡临行前的建议,于是诸葛亮下令不要伤到孟获,争取活捉孟获。所以,等到诸葛亮与孟获首次交战的时候,

诸葛亮设下计谋,让部队假装败退,而孟获凭借着猛劲一股脑地追了过来,结果中了埋伏,被蜀军抓获。首领被抓,他手下的蛮兵被打得四分五裂,四下逃散了。孟获虽然被擒,但并不服气,不断叫嚷着诸葛亮用诡计胜之不武,还拼命挣扎想挣脱绳索逃走。诸葛亮知道后,派人将孟获押到面前,笑着给孟获松了绑,又请孟获上座,给孟获说了很多利害关系,希望他能投降并归附蜀国。但是孟获并不领情,一个劲地嚷嚷道:"是我自己不小心,中了你的圈套,这样怎么能叫我心服口服?"诸葛亮闻言也并不勉强,却起身邀请他去参观自己的兵马。孟获当然同意,于是两人骑着马在蜀军的大营内走了一圈,看到了蜀军不但兵力众多,而且士兵都井然有序,武器、战马、粮草都安排得当。走了一圈后,诸葛亮再问孟获:"您看到了我们的兵马,觉得怎么样呢?"孟获自信地回道:"以前是不知道你们的情况,现在我知道了,心里更加有数,你们的阵势也

不过如此,再交战我肯定会打赢你们。"诸葛亮听到此言,笑了,爽快地对孟获说:"既然是这样,您就再回去好好琢磨琢磨吧,下一次打再看看谁输谁赢。"这话让孟获大吃一惊,但眼见诸葛亮确实把他放走了,他连忙策马赶回了自己的地盘。被放回来的孟获很是懊恼,觉得诸葛亮很轻视他,所以才会放他走。于是,孟获召集了剩余的部下和散兵,又凭借自己的威望征召了其他部族的兵士,再一次向诸葛亮宣战。没想到,又被诸葛亮设下计谋打败,再次被活捉了。但他还是不服气,诸葛亮竟然又放了他。就这样,孟获一直不服气,诸葛亮也就每次拿下他再放了,虽然孟获得到了很多次反击诸葛亮的机会,但都被足智多谋的诸葛亮大败并活捉。如此反复了六次,第七次,孟获又被活捉,诸葛亮本想再放他,他却不走了,向诸葛亮跪拜在地,流着眼泪说道:"丞相七次抓我又七次放我,对我是仁至义尽。对于您的智谋和武略我是打从心底里佩服了。蜀国有您这样的丞相,我是不敢再造反了。"诸葛亮欣然一笑,上前扶起了孟获,得知他是真心归降。收服了孟获后,当地其他的一些小部落也在孟获的影响下一一归附了。然后,诸葛亮命令孟获及其他部落首领继续管理他们自己的部落,而他则带领大军回成都。自此,孟获等部落首领十分感激,对诸葛亮心悦诚服,不再想叛乱之事。

诸葛亮此次南下平定叛乱又收服南中的益州、永昌、牂柯、越嶲四郡,同时得到了当地部落贡献的很多物资充备了国库,可谓大获全胜。回到成都,刘禅亲自率众大臣迎接诸葛亮。

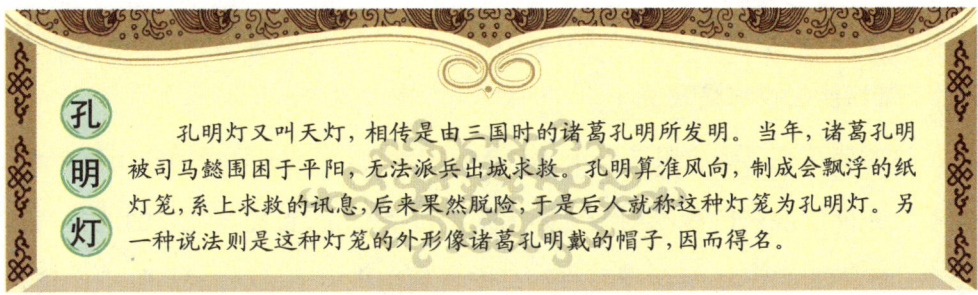

孔明灯

孔明灯又叫天灯,相传是由三国时的诸葛孔明所发明。当年,诸葛孔明被司马懿围困于平阳,无法派兵出城求救。孔明算准风向,制成会飘浮的纸灯笼,系上求救的讯息,后来果然脱险,于是后人就称这种灯笼为孔明灯。另一种说法则是这种灯笼的外形像诸葛孔明戴的帽子,因而得名。

斩马谡

226年，曹丕病故，曹叡即位为魏明帝。魏国刚换新主，孙权认为有机可乘，于是出兵攻打江夏（今湖北云梦西南），却被当时魏军黑夜高举火把的阵势蒙骗，以为对方人数很多，于是退兵。228年，诸葛亮这些年一直让蜀国人民休养生息，养精蓄锐，后来又平定了南中的蛮兵。为了实现蜀国统一天下的理想，诸葛亮上《出师表》，准备挥师北伐魏国。

诸葛亮带领大军向北征伐魏国，先是声东击西，对外声称要派兵经斜谷道（今陕西眉县西南）去攻打郿（今陕西眉县东北），并且为布疑兵派赵云、邓芝两位将军先占据了箕谷（今陕西太白），让魏军以为他们的主力都在那儿，但实际上诸葛亮率领大军去攻打祁山（今甘肃西和祁山堡）。魏明帝曹叡信以为真，连忙派曹真带重兵去郿进行防备，没想到诸葛亮却攻打祁山去了。当时天水的太守马遵正带着姜维等人随着雍州刺史郭淮在各地视察，这时马遵等听到了蜀军进攻祁山之后，很多地区都响应蜀军，郭淮则向东回到了自己的地盘准备防御蜀军，马遵听说很多人响应蜀军，就怀疑姜维等人有异心，想抓住自己后投降蜀军，于是趁着天黑和郭淮一起走了。等第二日姜维等人发现后已经晚了，等追到城门时，城门已经关闭了，不再放任何人进入。被逼无奈，姜维等人只能返回冀县，但这时冀县城门也锁上了，不肯放姜维进入。面对这种情况，姜维只能去投靠诸葛亮了。

这时诸葛亮已经收服了天水、南安、安定等地，于是命马谡镇守街亭（今甘肃秦安东北庄浪东），魏国则派张郃前来抵抗诸葛亮，首先要经过的地方就是街亭。面对魏国军队，马谡想要将兵马安置到街亭山上，这样居高临下比较有

利。但他的副将王平却说："街亭山上一没有水源，二没有适合运粮草的通道，如果魏军来了将街亭团团围住，再切断水源，断绝运粮通道，那咱们的大军只有投降的份儿。请将军再仔细斟酌一下，最好能够在山下依山傍水地巧妙布置兵力。"但马谡没有听进去，反而很骄傲地说："我很熟悉兵法，这点别人都知道，有时连丞相都要向我请教，而你不过是一个副将，读书不多，不懂兵法。"接着马谡很得意地说道："从高往下攻敌，那气势就像砍竹子，大家都能置死地而后生，这才是兵家常识。我命大军上山，占据高位，让他们能够没有后顾之忧，这就是制胜的秘诀。"但王平觉得还是很危险，又再次对马谡说："将军，这样布置兵力真的很危险。"马谡不耐烦了，生气地对王平说："丞相任命我为主将，部队就得听我指挥。如果失败了，我甘愿受革职斩首的处分，也不会怨恨你。"王

平还是很坚持己见,义正词严地对马谡说:"我要对您负责,对丞相负责,对后主负责,对蜀国的百姓负责。最后再次恳请您收回命令,背山面水地驻扎兵力。"马谡没有再理会他,随即下令全军上山。这边的魏将张郃知道这个消息后十分高兴,于是马上派人切断了供应街亭的水源,又将可上下山的运粮道路堵死了,最后见街亭山林木茂盛,蜀军安营在其间,就用大火来对付蜀兵。当时马谡等蜀军措手不及,又因为连日没有水没有饭,困顿乏力,最后差点全军覆没。多亏王平灵机一动,吩咐千余兵士敲击战鼓,张郃听了以为街亭外有伏兵,不敢再向前接近,这边王平带着剩余兵力偷偷从小道逃走。街亭失守,诸葛亮无法再带兵前进,只能转移到西县(今甘肃天水西南),而赵云、邓芝那边被魏军在箕谷打败,多亏赵云断后,兵力和物资没有多少损失。诸葛亮只能率领部队回到汉中。这次北伐失败,诸葛亮反省自己,主要是用人不当,过于信赖马谡。对于马谡,诸葛亮一直比较欣赏他,南征时也曾因听从他的建议"攻心为上"而收服了孟获,但刘备临终时曾说过马谡这个人名不副实,不要重用,诸葛亮一直没有听从。现在北伐整盘计划的失败主要原因就是马谡用兵失策没有守住街亭,还不听副将劝阻,所以诸葛亮为了稳定军心,决定斩马谡,升了王平的官,同时自降官职三级。

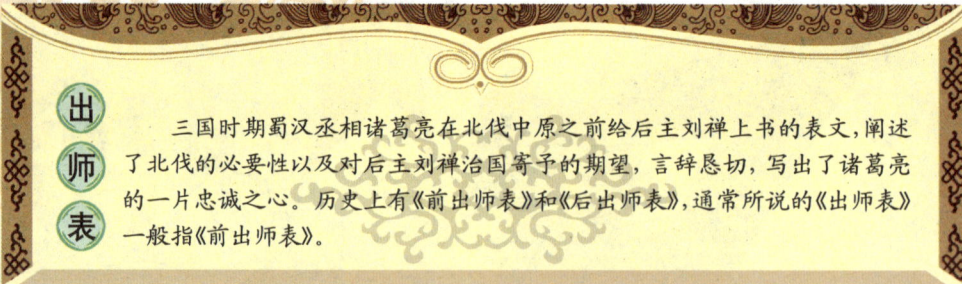

出师表 三国时期蜀汉丞相诸葛亮在北伐中原之前给后主刘禅上书的表文,阐述了北伐的必要性以及对后主刘禅治国寄予的期望,言辞恳切,写出了诸葛亮的一片忠诚之心。历史上有《前出师表》和《后出师表》,通常所说的《出师表》一般指《前出师表》。

木牛运粮草

诸葛亮第一次北伐因为马谡街亭失守而满盘皆输,但他并没有就此放弃辅助蜀国后主统一天下的志愿。于是又有了第二次、第三次的北伐,这两次北伐蜀国与魏国各有输赢,而且蜀军多次出现前方粮草不够的情况,导致诸葛亮饮恨回军。231年,诸葛亮第四次率军攻魏。这次诸葛亮还是以祁山为目标,率领大军围攻祁山,鉴于前几次征战中多次出现的粮草不够的情况,为了不折损兵力,诸葛亮发明了一种"木牛"。这"木牛"可以运载10个人1个月的粮食,又不用吃草喝水,节省了很多物资的装备。就这样,蜀军以更充沛的精力去征伐魏国。当时魏国的大将军曹真生病了,于是魏国派司马懿(yì)先驻扎长安,督促左将军张颌和雍州刺史郭淮等防御蜀军。司马懿根据局势,留下部将费曜(yào)、戴陵率4000人守邽(guī,今甘肃天水),自己却率领大部队向西去祁山抵抗蜀军。那时张颌向司马懿建议最好是把兵力分成两部分,分别把守雍和郿(今陕西眉县东北)两地,这样可以做大军的后方保障。但司马懿没有接受他的建议,他说道:"如果大部队能够挡住蜀军,那么将军说的部署是很对的。如果大部队抵挡不住,再将兵力分散岂不是更危险。"于是依然率军向西进。

这边,诸葛亮听闻魏国的大军快要到了,就兵分两路,一部分继续攻打祁山,而另一部分作为主力由自己率领直接前去迎战司马懿的魏军主力。

司马懿分析出了诸葛亮的战略,他想到蜀军长途跋涉肯定所带粮草不多,所以他带兵主要占据要塞,建筑好营寨,却叫士兵们只许防守不许主动攻击。很多魏军将领都不理解,以为司马懿因为诸葛亮的威名而害怕,所以就几次向司马懿申请出战,还对司马懿说道:"您像怕吃人的老虎一样害怕蜀军,难道就不怕被天下的人嘲笑吗?"司马懿没办法安抚了,就带兵前去和诸葛亮大战了一场,结果被诸葛亮用巧计打得一败涂地。于是,司马懿只得退回守营不出。对此,诸葛亮清楚自己军队的后期粮草不够,很想速战速决,就假意退兵,好引司马懿出兵,但司马懿却很谨慎,带兵慢慢在蜀军后面追赶,蜀军一停,他就驻扎营地但就是不主动攻击。这样时间越拖越久,而蜀军的后期粮草一直没有运到。后来负责蜀军粮草运输的李严因为正值雨水较多的季节,运粮不够细心,导致粮草不能及时送到前线,他就派督军去叫诸葛亮回来。因为没有粮草,诸葛亮只能退兵。在退兵的时候魏将张郃带兵紧紧追赶,于是诸葛亮在木门山谷地带设下埋伏,等张郃一到就用乱箭射杀了他。至此,诸葛亮安全带兵退回成都。回到蜀国国都后,诸葛亮上表,后主治罪于李严的粮草运送不力,李严虽然想狡辩,无奈诸葛亮铁证如山,只得认罪,后来李严被贬为平民,流放至梓潼(zǐ tóng,今四川绵阳市东北)。

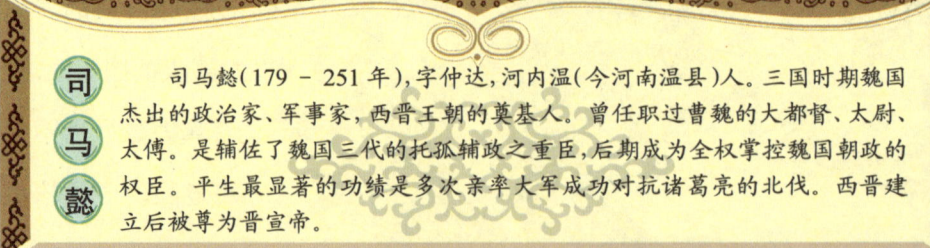

司马懿(179－251年),字仲达,河内温(今河南温县)人。三国时期魏国杰出的政治家、军事家,西晋王朝的奠基人,曾任职过曹魏的大都督、太尉、太傅。是辅佐了魏国三代的托孤辅政之重臣,后期成为全权掌控魏国朝政的权臣。平生最显著的功绩是多次亲率大军成功对抗诸葛亮的北伐。西晋建立后被尊为晋宣帝。

诸葛亮魂归五丈原

234年,诸葛亮准备率领10万大军第五次北伐魏国,同时与吴国相约共同攻魏,两面夹击。面对此次夹击,魏明帝派大将军司马懿对付诸葛亮,而魏明帝自己则亲率大军到南面迎战吴军。

诸葛亮带军到了郿(méi,今陕西眉县东北),魏国派了司马懿前来防御,诸葛亮决定驻扎在五丈原(今陕西眉县西南),与司马懿的部队是隔着渭水相对。吸取了前几次北伐的深刻教训和经验,诸葛亮筑营之后就派一部分士兵到附近的村子里去种田。蜀军军纪严明,士兵与周围百姓和睦相处,关系十分融洽,这样既不扰民又可以种田提供粮草物资。有了这种长期的粮草供给,诸葛亮信心倍增。初到五丈原,因五丈原地势险要,易守难攻,所以诸葛亮主动引司马懿出战在葫芦沟,当将司马懿的军队引入到葫芦沟内后,诸葛亮设下的伏兵立刻围杀魏军。当时由于蜀国伏兵居高临下,杀敌势如破竹,魏军被突然的袭击打得措手不及。面对蜀军的强烈攻势,司马懿等勉强迎敌,在他们左看右看寻求出路的时候,诸葛亮又命人在葫芦沟出口放上大火,把魏军一步步逼近埋伏圈。一番激战中,魏军多数被消灭,正在垂死挣扎时,一阵倾盆大雨,浇灭了出口的大火,趁此时机司马懿骑马率先带着余下部队冲出包围,逃回到了渭河对岸的大本营。诸葛亮见此景,不由得感叹:"谋事在人,成事在天。"于是下令收兵,回到了五丈原。此次战役让司马懿等魏军胆战心惊,对诸葛亮的谋略是心有余悸,此后,虽然诸葛亮又几番挑衅,但司马懿就是按兵不动。同时,魏国这边由于魏明帝正在另一方迎战孙权的大军,所以对司马懿下令要求只驻守不出兵,司马懿自然遵循君主的旨令,与蜀军相持

不下。

在两军相持中,孙权的大军已经兵分三路进攻魏国。其中,孙权亲率一部分兵马攻向合肥新城(今安徽合肥西北),陆逊、诸葛瑾率兵进攻江夏沔口(今湖北汉口),向襄阳(今湖北襄阳市)挺进,孙韶、张承则向广陵(今江苏清江西南)进军。对此,魏明帝曹叡也亲率水军东征,并用火攻烧毁了吴军的物资,还射死了刘泰。这时,由于长途迁徙,吴军中出现了疫情,无奈之下孙权退兵回吴,孙权退后,其他两路兵马自然也就跟着退走了。这样,魏国击退了一面的敌军后,准备全力对抗诸葛亮的蜀国大军。

诸葛亮得知孙权退兵,心知局势已经变化应该主动出击,于是更加急切地挑衅司马懿,准备两军决战。见司马懿死守阵营,诸葛亮就派人送了一套女人的衣服给司马懿,用来嘲弄他像女人一样,想激他出兵。司马懿一看这种侮辱虽然自己能压住火气,但手下的兵将们忍不住了,想要出去迎战以洗刷对方给自己统帅的侮辱,面对群情激愤的士兵,司马懿上表魏明帝看是否要出兵。魏明帝退了吴军正在整顿后方,见此情况也明知诸葛亮是故意挑衅,但又不好让司马懿太难做,于是特意派了辛毗(pí)带着君主授予的竹节来制止司马懿出兵,这样士兵们也就不好多说什么了。每次,诸葛亮一挑衅,辛毗就拿着竹节堵住门口,司马懿便不能出兵。

过了一段时间,诸葛亮派使者前去魏营拜见司马懿,但实际是为了再探探魏军的虚实。司马懿见到蜀国使者,压根不谈军队情况也不谈涉及战争的事情,就像平常谈话一样,问了问诸葛亮的情况。使者以为不涉及军事就没什么顾忌,如实地回答:"丞相无论白天黑夜,大事小情都亲自过问处理,休息得很少,吃得也不多。"司马懿点点头,假意关切问候,等蜀国使者离开后,就对身边的将领说:"诸葛亮每天都处理这么多事情,吃得却那么少,时间长了能扛得住吗?"果然,过了几天,诸葛亮病死在五丈原。诸葛亮病逝,将领们

无不悲痛,但诸葛亮生前叮嘱不得声张,所以为了稳定军心,将领们并没有告知士兵们丞相已死的消息,并开始准备撤兵。诸葛亮生前本想完成先帝刘备的遗愿,但自刘备死后,他殚精竭虑,对蜀国上下事情都亲力亲为,终于积劳成疾,在五丈原病逝,终年54岁。诸葛亮临死前知道自己身体已经撑不了多久,但蜀国还有这么多的事情没有安排好,虽然已经定下了他的接班人选,但还有大军在五丈原,面对司马懿等魏军的虎视眈眈,如果掉以轻心就有可能将蜀国这最后的核心兵力损失掉。于是诸葛亮对姜维做了一些吩咐。就这样,诸葛亮死后,蜀军没有发丧,却开始收拾装备准备回都。司马懿等了几天看诸葛亮都没有动静,也不来挑战,心知有所变化,于是派了很多探子去探查消息,但一直有耳闻诸葛亮病逝却没有证实。这边蜀军已经开始有步骤有秩序地慢慢退兵,企图不引起司马懿等魏军的注意,但大队人马的走动还是会走漏了消息。这天蜀军已经剩下最后一批兵马需要撤退了,姜维作为将领断后。司马懿得到消息后连忙带着大批兵马追击,刚入五丈原,没想到姜维就命士兵掉转旗帜,反攻回来,这让司马懿大吃一惊,以为是诸葛亮设下陷阱,急忙勒住战马命令撤兵,等到魏军回到营地才发现蜀军是虚晃一枪,并没有追击过来。惊退了司马懿,姜维即刻带兵趁机返回蜀国,途中才发布诸葛亮的丧讯。而这时司马懿才确定诸葛亮是真的去世了,再追赶蜀军已经来不及了,于是带领魏军返回魏国。

辛毗

字佐治,颍川阳翟人。本居陇西(郡治在今甘肃临洮县),东汉光武帝建武年间,其先人东迁。当初,辛毗跟他哥哥为袁绍做事。曹操任司空时,曾想拉拢辛毗,他都没有接受。官渡之战后,辛毗跟随袁绍的儿子袁谭,204年,曹操攻下邺城,曾推荐辛毗任议郎,后来做了丞相长史。234年,诸葛亮屯兵渭南,司马懿上奏魏明帝。魏明帝任辛毗为大将军军师。诸葛亮病逝后,辛毗返回魏国,仍任卫尉。

魏伐辽东

辽东（今辽宁辽阳）的太守公孙康去世了，儿子公孙晃、公孙渊还很年幼，于是朝廷就让他的弟弟公孙恭做太守，但是公孙恭为人没什么能力，根本不能治理自己的领地，等到公孙渊长大了就趁机夺得了他的位置。228年，魏明帝见公孙渊很有能力，就默许了他的行为，并封他为扬烈将军兼辽东太守。但是公孙渊是个挺有野心的人，虽然受封于魏，但是他一直想扩张自己的势力，夺取天下。232年，因为公孙渊私下与吴国互相通好，魏明帝非常震怒，于是不顾大臣反对就发兵讨伐公孙渊，却不想公孙

渊几年间已经建立了自己的势力，将来讨伐的魏军打败了。既然事情已经败露，公孙渊也就不顾忌魏明帝，自行派使者向孙权讨好，想要做吴国的臣子，还献上了很多貂毛和马匹。这让孙权很高兴，第二年就派了很多将领带着厚礼给公孙渊，并且封他为燕王。公孙渊原本想先取得孙权的信任，再逐渐巩固扩张自己的势力，但是却发现辽东和吴国太远，就算有什么风吹草动吴国也来不及援助自己，于是就杀了吴国派来的使者，送了他们的首级献给魏明帝，以显示自己的忠诚，表明自己先前都不过在诈降吴国，又把吴送来的财物和军用物资都转送给魏国。魏明帝知道这个人不可靠，但是又忌惮他在辽东的庞大势力和影响力，于是先接受了他，并封他为大司马，号乐浪公。公孙渊这么做激怒了吴国君主孙权，孙权十分生气，想要亲自征讨辽东，但大臣们都劝止他不要这么做，并且分析了其中的利害关系，孙权这才勉强压住怒火没有发兵。

公孙渊前前后后几次反悔，左右投靠，魏吴两国都是因为他在辽东的势力而有所忌惮，而且当时恰逢蜀国诸葛亮几次北伐攻魏，所以两国都有各自国事要忙着应付，一时之间倒也没怎么关注公孙渊这股小势力。公孙渊一直有野心，所以摇摆不定地在魏吴两国之间周旋，但他终究露出了他的真面目，不但建立自己的军队，还经常对魏国派去的使者恶言相向。这种情况被使者屡次上书报到魏明帝那里，见此情况魏明帝不得不重视起来，于是在派毌(guàn)丘俭为幽州刺史率军征讨鲜卑的时候，宣召公孙渊入朝。但公孙渊没有服从诏令。于是毌丘俭便率军对其讨伐，公孙渊就举兵抗战。当时下了很多天的大雨，辽水涨了很多，毌丘俭地形不熟，没有打败公孙渊，于是水军回到右北平(今长城一线稍北)。公孙渊击退魏军后，自立为王，称燕王，改了国号，设置百官，并且派使者伪装成魏军袭击鲜卑，挑拨鲜卑对魏国出兵。

238年，魏明帝见公孙渊势力越来越大，于是派司马懿带领大军第三次讨

伐公孙渊。司马懿领兵到了辽东，公孙渊就派旗下的大将军卑衍、杨祚(zuò)领兵数万在辽隧（今辽宁辽阳西南）安营扎寨，形成一个20多里地的大营，并形成包围圈，只守不攻。司马懿就派一小队兵士假装攻他们的南面，卑衍不知是假就派所有精锐部队迎战。结果魏军偷偷渡过辽河向北进攻，直接攻击公孙渊的首都襄平（今辽宁辽阳）。卑衍等将领闻讯都十分惊恐，连夜带兵回走。结果半路遭遇魏军，被打败。之后，魏军全力围攻襄平，攻城到了7月，大雨不止，地上的积水有数尺深，魏军遇到这种情况十分惊恐，都想尽快离开，这样围攻的阵势就要被破坏了，司马懿见此情况下了军令状，如果有敢擅自说要离开的人，杀无赦，于是军心又稳定了下来。就这样，魏军一直坚守，等到大雨停了，魏军继续采取围攻策略，在襄平城外挖掘地沟和堆积土山作为防守的堡垒，然后白天黑夜不间断地攻击城内。过了一段时间，襄平城内的粮食都吃快吃光了，城里的人相互争抢着余下的粮食，饿死、战死的人很多。公孙渊这边的大将杨祚投降了魏军。又过了一个月，公孙渊请求解除围攻，但司马懿没有同意。最后，襄平的防守线崩溃了，公孙渊与儿子带领数百名骑兵弃城突围向城东南逃走了，魏军奋力直追，直到斩杀了二人。后来，司马懿将公孙渊首级送到洛阳，带领其余兵力扫平了辽东及附近地区。

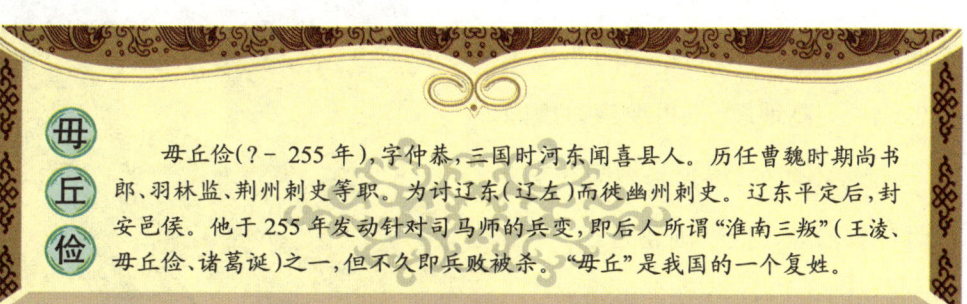

毌丘俭(？－255年)，字仲恭，三国时河东闻喜县人。历任曹魏时期尚书郎、羽林监、荆州刺史等职，为讨辽东（辽左）而徙幽州刺史。辽东平定后，封安邑侯。他于255年发动针对司马师的兵变，即后人所谓"淮南三叛"（王凌、毌丘俭、诸葛诞）之一，但不久即兵败被杀。"毌丘"是我国的一个复姓。

毌丘东征

扫码查看
- 中华故事
- 典故趣闻
- 能力测评
- 学习工具

公孙渊失败被杀之后，辽东大部分地区就都被司马懿一鼓作气扫平了，所以当时辽东及附近地区都属于魏国。但是，魏国同时忙着与吴国、蜀国作战，朝廷上司马氏的权力越来越大，俨然有争夺皇位的架势，曹氏自然不能任其发展，所以魏国内部司马氏与曹氏又在明争暗斗。这样，周边的一些地区的一些势力就渐渐活跃起来，其中以高句丽的姿态最明显。高句丽的君王当时是东川王。东川王开始小规模地不断入侵魏国边境，并且攻下了辽东的一些小城，得到这些小城便让东川王觉得自己已经兵强马壮，野心开始膨胀，在自己的朝廷上开始鼓吹想要征讨魏国，占领中原。当时高句丽有个叫沛者得来的老臣，认为高句丽的势力并没有那么强大，而国王的野心又这么膨胀，担心如果真的招惹了魏国，恐怕就会给自己的国家带来灭顶之灾，于是以绝食的行为来劝谏国王不要这么做。但当时东川王早就忘记了天高地厚，一再要声讨魏国。

过了不多久，吴蜀与魏国在交战时各有输赢，但魏国还是三国之中最大的。这边战争稍稍平息了，魏国得知高句丽的国王有野心，还想凭仗那么小的国家来攻打自己，

三国故事

又趁机攻占了辽东地区的几个小地方，于是，公元 246 年，魏国派毌丘俭带领万余魏军东征，向高句丽进发。听闻魏军打过来了，东川王亲率 2 万多兵力前去迎战，两军在梁口（今通化市江口村）碰上了。正是敌人相见分外眼红，两军对阵，双方都是拼死进攻，虽然东川王人数较多，但魏军都是久经战场，又训练有素，双方激战不久，东川王这边的人马就被打得死伤无数。见情况不妙，东川王连忙带上剩余兵将狼狈地逃了回来，然后就准备死守丸都城。毌丘俭带兵追到了丸都城，见东川王死守城池不出来，就先驻兵在城外将丸都城包围了起来，自己则带领一部分兵士巡视了丸都城一圈，走到丸都城西北面的时候，看到这里山势险峻，但相对守卫也很薄弱。回去后与众将领商议后，毌丘俭决定从这里攻破。于是，第二天假装发动大批兵马从正面进攻，却派了一批身强体壮、身手灵活会攀岩的士兵们，带着攀山的工具及一些绳索和兵器，偷偷地从山崖爬了上去，杀死了山顶的守卫，又用绳索拽了一些兵将和武器，从那里攻了进去，两面夹击之下，丸都城很快就被攻破了。当时因为东川王之前的挑衅，所以魏军攻破丸都城之后进行了屠城，唯独放过了曾经力劝东川王的沛者得来的一家。东川王再次逃走了。

过了不久，毌丘俭再次率军征讨高句丽，这时，东川王跑到了买沟（今朝鲜咸北会宁）。毌丘俭就派玄菟（tú）太守王颀追杀东川王，一直追到了肃慎氏的南边边界，在追杀东川王过程中，东川王抑郁地死去了。然后毌丘俭在当地的一块大石头上刻了这次的功绩，带兵返回了魏国。

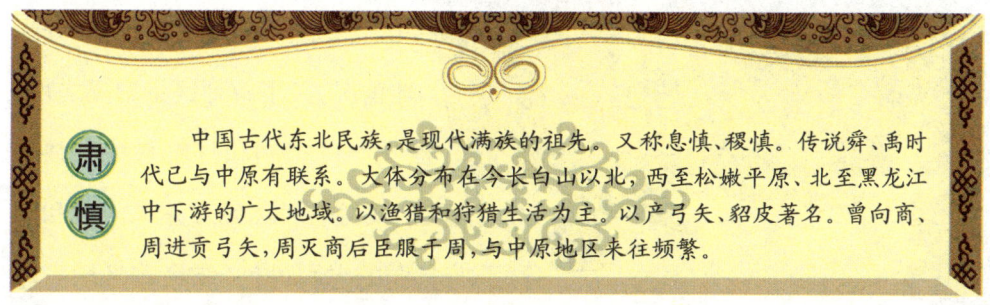

肃慎 中国古代东北民族，是现代满族的祖先。又称息慎、稷慎。传说舜、禹时代已与中原有联系。大体分布在今长白山以北、西至松嫩平原、北至黑龙江中下游的广大地域。以渔猎和狩猎生活为主。以产弓矢、貂皮著名。曾向商、周进贡弓矢，周灭商后臣服于周，与中原地区来往频繁。

仓慈为魏守敦煌

魏明帝太和年间,仓慈被调任到敦煌做太守。敦煌郡,在西部边疆地带,虽然西汉、东汉时期主权都曾被收归中原,但是东汉末年中原地区战争频繁,后曹操统一了北方大部分地区也同时关注到这西部的边疆地区,但当时敦煌地区的太守职位已经空缺了大约二十多年。在这期间,当地的一些豪门大户已经建立起了自己的势力,形成了当地特有的一些习俗。所以,前几任的太守官员不过都是假借太守之名,但是实际都是遵循当地的习俗和旧有的一些制度来执行命令。但是,由于长期缺乏管理和个人势力扩张,社会出现两极化,很多老百姓都过着被欺压,又十分穷困的生活。

仓慈是淮南人,做过郡里的小官吏,后来曹操在淮南招募兵士的时候,仓慈担任了绥集(安抚)校尉,后来又做长安令,几次任职都十分严厉而有度,不但为官清廉而且让法度都实施有效,很多下级的官吏和老百姓既害怕法治的严厉又爱戴仓慈带来的社会的安定。也正是因此,仓慈到了敦煌之后,调查好当地情况,又了解到民生情况之后,派兵严厉抑制和打击各种豪强势力,然后实施各种激励政策来救济和照顾那些贫弱的老百姓们。结合着当地实际情况，将有钱有势的大户地主的土地都按人口合理地分配到普通的百姓中去，然后收取一定的税收，逐步将土地收归国有。因为当地人们生活两极分化十分严重，而以往官吏又并不认真负责，所以很多百姓纠纷的案件都堆积在那里，最后县令不能判决的，都堆到太守这里来。仓慈没有轻易下判决，而是亲自一一审读案件，实地考察情况，斟酌实情来处理，尤其对于触犯法制的一些案情，如果确实不是犯了严重的死罪，就只鞭惩或棍罚后释放。这样加加减减，一年当中判刑的还不到10个人，这样不但执行了法制，又释放了一定的劳动力，赢得了当地人民的爱戴和拥护。

在敦煌的丝绸之路上，商业往来很多，尤其是与西域各族人的往来，以前很多豪强都会阻碍胡人去中原做买卖，总是从中盘剥很多的财物，同时还总是在交易中欺骗和轻辱这些商人，这样造成了边疆买卖的混乱和商人们之间的怨恨。仓慈知道这件事情后，对商人们进行了慰劳，同时告诉他们如果需要去中原做买卖，会为他们出具过关的凭证；如果他们回来想要回西域，官府也会让他们公平地换取财物，并护送他们回去。这样，各族的商人和当地的百姓都能够公平地买卖交易。因此，西域商人也十分爱戴仓慈。

就这样，仓慈恩威并施，不但治理好敦煌这片中原的西部边疆，而且赢得了西部人民和外族人民的爱戴。几年之后，仓慈在任职中病逝，郡里的官吏、百姓还有西域各族人民都还十分缅怀他，为他建立祠堂，永久纪念。

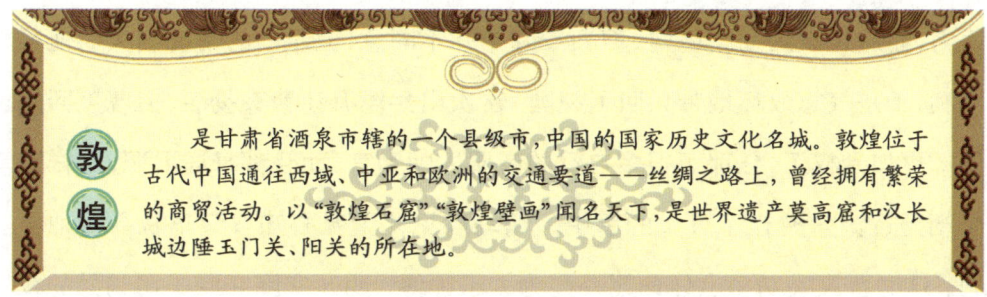

敦煌 是甘肃省酒泉市辖的一个县级市，中国的国家历史文化名城。敦煌位于古代中国通往西域、中亚和欧洲的交通要道——丝绸之路上，曾经拥有繁荣的商贸活动。以"敦煌石窟""敦煌壁画"闻名天下，是世界遗产莫高窟和汉长城边陲玉门关、阳关的所在地。

司马懿谋诛曹爽

在魏国对外东征西讨的时候,朝廷内部的矛盾也在日益激化。239年,魏明帝曹叡逝世,齐王曹芳即位,当时曹芳才8岁。

曹爽和司马懿受魏明帝的遗诏共同辅佐新皇帝。曹爽是曹操族人的后代,生性谨慎稳重,在辅助新皇帝的初期,他很尊重司马懿,经常与司马懿一起商议国家大事,司马懿也觉得曹爽很忠君爱国,对他也以礼相待,二人倒也共同做了一段时间事。随着时间流逝,曹爽逐渐重新重用了一些谋士,他们劝曹爽身为曹氏王族可以权倾朝野,何必还要对外姓的司马懿客气,就这样曹爽逐渐有些看不惯司马懿,再有什么国家大事也都自己做主,不再让司马懿过问。

何晏(yàn)、邓飏(yáng)、李胜等也是和丁谧(mì)、毕轨一样都是曹爽的心腹,为了让曹爽名扬天下,就一起怂恿曹爽出兵蜀国。曹爽自然也想威名远扬,没多想就直接派兵出击蜀国,当时司马懿极力劝阻,曹爽却没有理会。果然,这次出兵因为路经氐、羌等少数民族的地区,当地道路崎岖,很多物资运输不过去,累死了很多牛马,劳民伤财,等快要穿越山谷的时候,又遇到了山贼。山贼们占着地理优势,防守很坚固,魏军一时攻不下,这时参军杨伟根据形势,对曹爽讲述了眼前的局势,觉得此时退兵最好,要不然魏军要在这里折损很多兵力,而这还没到蜀国境内。曹爽一开始并不同意,但眼前的情况确实对他很不利,于是气急败坏地带兵回了魏国。这次出兵没有让曹爽扬名,但曹爽回来后却更加专权了,任命了很多自己的亲属入朝为官,而且都身居要职,这样整个朝廷逐渐掌握在了曹爽的手中。司马懿见此情况心知曹爽早晚会对他不利,这时曹爽又劝皇上任命司马懿为太子师傅,明升实降夺取了司马懿的权

力。司马懿见情况不好，连忙告病休养，以逃避曹爽的进一步迫害。

虽然，司马懿告病但曹爽还是不放心，不知他是真病还是装病，当时李胜正好要去荆州上任，于是曹爽让李胜去拜别司马懿。李胜见到司马懿的时候看到司马懿生活已经不能自理，起来需要奴婢服侍；穿衣也哆哆嗦嗦，衣服没穿上反而从身上脱落了下去；指着自己的嘴巴表明口渴，然后婢女连忙端来很稀很稀的粥水，司马懿吃粥的时候，粥水都顺着嘴角流了出来，还有的滴落到了胸前，弄得一身狼狈。李胜见此情况，假意关切地问："您的身体怎么了？"司马懿喘了半天，才缓过气来，慢慢地说："年纪大了很多毛病都找来了，恐怕离死不远了。"然后叫来儿子司马师、司马昭兄弟两个，说有事要他们去办。又对李胜说："你到并州上任，并州离胡人很近啊。"李胜解释道："我不是去并州上任，而是去荆州。"司马懿假装耳朵聋，听不清李胜的话，十分糊涂的样子。李胜看到这个情景，找个托辞告退。出了司马府便被曹爽叫去问话，李胜将见到的情景一一讲给了曹爽，曹爽听了之后认为司马懿确实生了病，神志都不太清楚了，这就不能再成为他的心腹大患了，自此就不再派人试探司马懿，也就将他忘在了脑后。却不想，司马懿老谋深算，早就防备曹爽，故意演那么一出戏给李胜看，果真糊弄过了曹爽。其实，司马懿正在暗中与儿子司马师和司马昭策划如何诛杀曹爽。

曹爽这边没有了司马懿绊手绊脚，可谓大权独揽，又在丁谧、毕轨等人的不断怂恿下，开始大肆挥霍，骄奢淫逸，横行霸道，惹得天怒人怨。

249年，魏帝曹芳到高平陵（今河南洛阳东南大石山）去拜祭魏明帝的陵墓，身边陪同

的有大将军曹爽以及他的一些曹氏兄弟。一行人浩浩荡荡朝着皇陵进发。见曹爽带着大部分自己的人马去陪驾祭扫皇陵，司马懿觉得机不可失，于是以皇太后之名命令首都的各大城门都关闭起来，再派兵占领了武器仓库和洛水河上的浮桥；同时派人占据曹爽的大营，又命人占据了曹义的军营，一边派人送奏章给去扫陵的皇帝曹芳，奏章里详细列数了曹爽专政之后的种种恶行，说明了曹爽想要取而代之的野心，而自己则受命于先皇，对魏国有使命，又有皇太后的支持，于是已经派兵占领了都城的要道。这其实就是告诉了曹氏兄弟，都城已经全在他的掌控之中，请他们认清形势。这番奏章被曹爽知道后，感觉十分窘迫和不知所措，因为自己的恶行和野心都被司马懿赤裸裸地揭露了出来，而都城又被司马懿掌控，这让曹爽一时没了办法。这时，司马懿派了侍中许允、尚书陈泰、曹爽的亲信尹大目前去劝降曹爽，让他交出权力。这边，司农恒范知道了司马懿起兵控制了都城，就带上武器杀出城门直接奔皇陵而去。见了曹爽后，恒范建议曹氏兄弟号召四处的曹氏兵马围攻司马懿，夺回都城，但曹氏兄弟都不想这么做。恒范见劝谏无效，痛哭失声道："曹真那么一个英雄怎么生出你们这样的孩子来，今天不反抗，曹氏一族必然被灭。"但曹爽没有搭理他，就护送着魏帝曹芳回宫，命兄弟各回各家。回到了都城，曹爽被捕，同时他的那些兄弟也都被抓了起来，包括他的那些心腹何晏、邓扬、丁谧，最后以大逆不道的罪名全部斩首，并且株连三族。曹氏一族的大部分势力都在司马懿的这次兵变中被消灭了。

氐 中国古族名。原分布在中国北部和西部的广大地区，是一支游牧民族。从东汉起陆续迁往内地，主要居住在今陕西、甘肃、四川等广大地区。从事畜牧业、农业。魏晋时大量吸收汉族的文化和生产技术。历史上曾建立过仇池、前秦、后凉等国。三国时代后，由于氐族居住地介于魏蜀两国边界，因此时常被卷入两国之间的战争。

魏吴东兴之战

　　正在魏国内部争权夺势闹得正欢时，外部也不省心。252年10月，吴国太傅诸葛恪(kè)下令重修了孙权时期建筑的东兴(今安徽巢县东南)的堤坝。原本东兴堤坝是孙权迁都建业后第三年修筑的，用来防洪的，后来征讨淮南失败，这条堤坝也就没有再被关注。诸葛恪通过堤坝连接了左右的山脉，又在这两座山中间修筑了两座城，修建好后，诸葛恪留下了1000多人来把守，然后带着其余兵马回到了吴都。

　　这条东兴大堤的修建稳固了吴国的边防，但却让魏国感到不安，不久便引起了魏国镇东将军诸葛诞(dàn)的注意，诸葛诞担心诸葛恪无故修筑这么大的堤坝恐怕会有其他意图，仔细琢磨之后，诸葛诞向魏国大将军司马师献策，可以以此为由派兵进军吴国。同时王昶(chǎng)、毋丘俭、胡遵等也分别献计进攻吴国。司马师斟酌再三之后采用了诸葛诞的计策，于是分兵三路进军吴国：令征南大将军王昶攻吴南郡(今湖北江陵)；镇南将军毋丘俭攻吴武昌(今湖北鄂城)，以牵制长江上游吴兵；随后派征东将军胡遵、镇东将军诸葛诞率众7万攻打吴东兴。听到了这个消息，诸葛恪即刻率兵4万，不分白天黑夜连续行军前往东兴救援。这时胡遵已经带军到了东兴，看到堤坝就在水上而两边都有吴兵把守，便命令兵士们做了浮桥，通过浮桥渡水上了堤坝，然后带兵在堤坝上分成两个部队，分别进攻两城，而诸葛恪当时只各留下1000的兵力守卫，所以吴军防守得十分吃力，不断派兵出去紧急求援。这时诸葛恪已命令将军丁奉、吕据、留赞等人作为先头部队，通过攀越东兴西侧的高山加速进军，但是山路十分狭窄崎岖，行军的速度并不快。如果按照这个行军速度恐怕赶到时东兴

已经被魏军占领,情急之下,诸葛恪命丁奉带领3000士兵轻装快进。于是丁奉奉命带兵快速下了山,之后马上乘坐舟船,顺着风势直下,不过两天的时间就匆匆赶到了东兴,到了东兴丁奉先率兵打败了徐塘(即濡须坞,在今安徽含山西南)的魏军守卫,占据了徐塘。然后继续向堤坝进军。这时,正逢寒冬,东兴突下大雪,而胡遵率领的魏军虽然没有攻下东兴两城吴军的防守,但也相信吴军支持不了多久,于是在这个雪夜,胡遵等将领围着篝火聚会饮酒。这时,丁奉率领吴军已经赶到了东兴,只见魏军虽然兵数众多,但都很松懈,丁奉灵机一动,对自己的士兵们说:"你们能不能升官发财就看今天晚上了。"于是下令,让手下的士兵们都脱去铠甲,

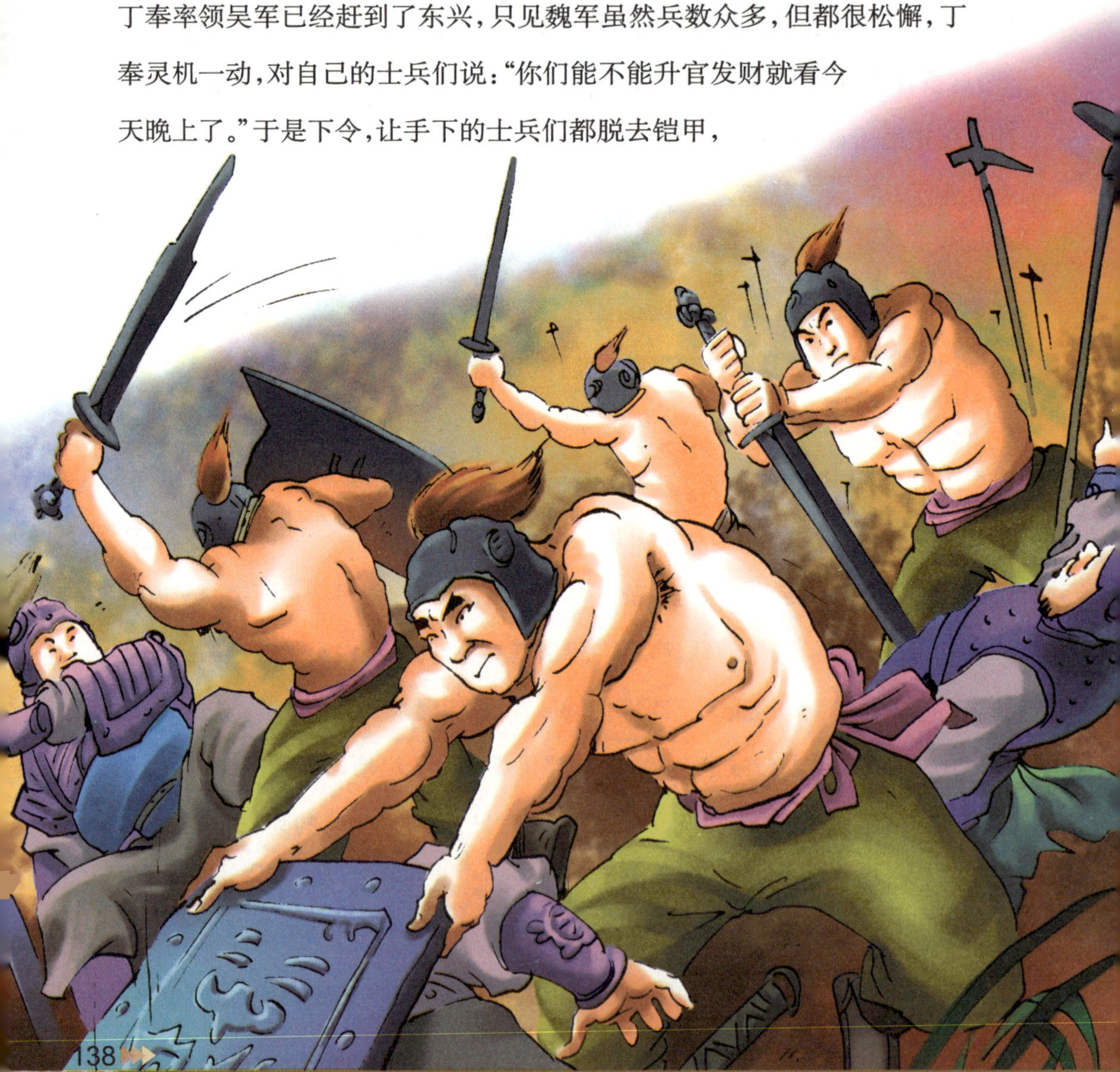

丢掉长矛、戟等兵器,只戴着头盔和盾牌,裸着身子沿着堤坝前进。魏军乍一看没看清楚还很戒备,但等看清楚了这些吴军的模样之后,都忍不住大笑起来,手上的兵器也拿不稳了,戒备也就放松了起来。趁此机会,丁奉命令进攻,于是吴国士兵们纷纷上前几个人围攻一个,用头盔和盾牌做武器对付魏军,不过一会就把魏军驻扎处的前方防线攻破了。然后大声呐喊、敲战鼓,仿佛有千军万马瞬间攻打了过来。这边正在无精打采喝酒的魏军猛然间听到喊杀声,以为大军攻来,一时惊慌失措。这时诸葛恪率其他吴军部队也都赶到了,于是一起攻了进来,魏军不及准备就被打得落花流水。眼见敌不过吴军的攻势,很多后方的魏军都转身争着要上浮桥渡河逃命,结果这么多人互相争抢,有很多魏兵掉进河里淹死,又有很多被后面的人踩死。等到浮桥上挤满了魏兵时,浮桥终于支撑不住从中间断了,桥上的魏兵都来不及转身逃跑就都摔进了河里,淹死的淹死,踩死的踩死,当时很多将领也反应不及纷纷被人群拥着挤了下去,一时间人荒马乱。慌乱之中,魏军前部督韩综、乐安太守桓嘉先后溺死,其他的魏军也多数被追赶到的吴兵所杀。最后吴军在东兴打败魏军数万人,缴获了牛马骡等数千匹,缴获的军用物资像小山一样地多。毋丘俭、王昶等其他魏军知道东兴兵败,心知此次进军计划被打乱,没有胜算,于是都烧了大营,连夜退了兵。诸葛恪此番带军凯旋,加官晋爵,受赏丰厚,但这次胜利也让诸葛恪开始渐渐轻视魏军了,为今后的失败埋下了祸根。

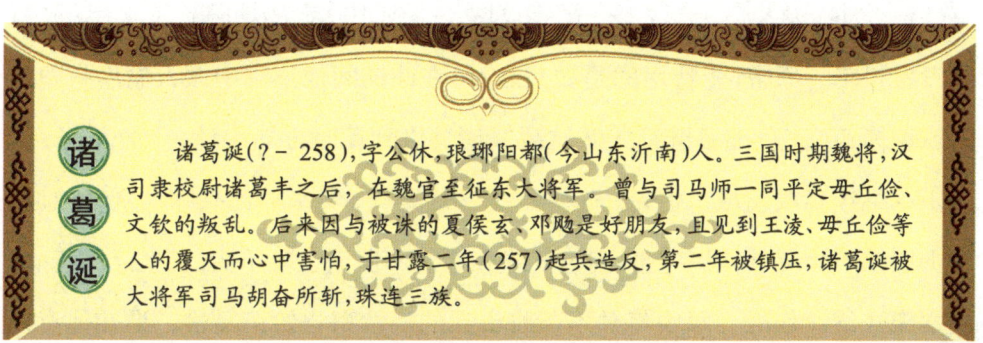

诸葛诞(?-258),字公休,琅琊阳都(今山东沂南)人。三国时期魏将,汉司隶校尉诸葛丰之后,在魏官至征东大将军。曾与司马师一同平定毋丘俭、文钦的叛乱。后来因与被诛的夏侯玄、邓飏是好朋友,且见到王凌、毋丘俭等人的覆灭而心中害怕,于甘露二年(257)起兵造反,第二年被镇压,诸葛诞被大将军司马胡奋所斩,株连三族。

借酒诛杀诸葛恪

东兴一战让诸葛恪更加傲视群雄,开始有了轻敌之心。过了不久,诸葛恪又主张对魏国出兵,但其他大臣都觉得这段时期战争频繁导致财政紧张,军士们都很疲惫,这时再兴兵十分不利。但是诸葛恪不这么认为,所谓"天无二日,民无二主",如果吴国不趁此时讨伐魏国,那么以后一定会后悔。大臣们虽然明知如此不对,但是又对诸葛恪没有办法,于是诸葛恪带兵20万征讨魏国。因为长年征战劳民伤财,百姓们对战事十分厌恶,这一举动弄得吴国上下怨声一片。这时,诸葛恪下属的部将有的提议先攻打魏国的新城,那样可以获得更大的功绩。诸葛恪认为有道理,就采纳了这个提议,带兵包围了新城。当时新城守卫是张特,张特拒不投降,带领3000人苦守新城,但敌众我寡,苦战1个月左右,就损失了大半的士兵,就在城北即将要被攻陷的时候,张特突然派人来拜见诸葛恪,说道:"我们想投降,但是魏国有军法规定,只要守城的官兵能够坚持守住城池100天,那么即使之后被迫投降了,也不会连累到自己的家人。现在,眼看着就要到100天了,所以请你们务必等上几天,让我们没有后顾之忧。为了表示诚意,将军奉上自己的官印为信物。"听此话,又见到官印,诸葛恪没有怀疑,为收买人心,于是下令暂停攻城。等到100天的期限到了之后,张特却没有投降。原来,张特用的是缓兵之计,在此期间他早暗中派人偷偷将毁坏的城墙修筑完好,准备继续守城抗敌。诸葛恪到此时方知中计,十分震怒,于是下令继续猛攻新城。但是,这时正逢暑伏天气,吴军如此兴师动众地攻城,将士们都十分疲惫,很多士兵因为气候和水土不服而上吐下泻,甚至浮肿患病,根本无法继续作战。军中将帅不断将士兵的病情禀告给诸葛恪,谁知他竟以

为是这些士兵讨厌作战假装生病,下令将那些上报生病的士兵斩首示众,这之后再无人敢上报实情了。但是,士兵接二连三地病倒,而新城又久攻不下,有的下属因为对诸葛恪提出异议也被他驳回,甚至夺了兵权。诸葛恪的独断专行不但损耗了大量吴国兵力,还逼得不少将领投降魏国,趁此时机,魏国派司马孚、毋丘俭前来支援,吴军大败,诸葛恪不得不撤兵。为了掩饰这次征战失败,诸葛恪回吴国后在政治上大刀阔斧地改革,弄得百姓更加苦不堪言。

诸葛恪的连番决策让他大失人心,而他的专横霸道也让一直与他争权的孙峻抓住了机会,趁机就向吴主孙亮进言,说诸葛恪如此专横,又在大举兴兵之后不断调换官员,是想谋反叛乱。这让吴主孙亮心里犯了嘀咕,越想越觉得有可能。于是,两人定下计策,想要除掉诸葛恪。同年10月,吴主邀请诸葛恪入宫赴酒宴,诸葛恪就有些犹豫。原来这天的前一晚,诸葛恪就心里烦躁,整夜都不能入睡,同时家中又有很多异常现象,这让他心神十分不安。所以,吴主召他赴宴,他总是觉得哪里不对劲,但又想不出问题在哪里,也没有理由拒绝赴宴。最终,诸葛恪到了宫门外,待了好半天都没有进去,而在里面早就埋伏了士兵的孙峻担心诸葛恪看出问题,不得已就亲自出来迎接诸葛恪,说道:"大将军来了半天还没进来,是不是身体不舒服?如果实在不舒服,不如过几天再来朝见,我帮您去禀告皇上。"他想以此来试探诸葛恪是不是察觉到了他和皇上的举动。没想到诸葛恪回道:"没什么大碍,我这就进去朝见。"这时,诸葛恪安插在宫中统领御林军的散骑侍卫张跃、朱恩等偷偷塞了一张条子给诸葛恪,上面写道:"今日宴会不同寻常,恐怕有变。"诸葛恪见此觉得更加不妙,转身准备返回,没想到在大门处遇到了太常滕胤(yìn),诸葛恪当时解释道:"我突然腹痛,恐怕今天不能去朝见皇帝了。"滕胤不知内情,说道:"自从您回来之后皇上就没见到您,今天皇上特意设宴请您来,您都到了大门口了,再回去不太好吧,还是尽力去朝见吧!"诸葛恪对滕胤还算信任,见他没有什么异常神色,又犹疑了好一会,又听闻滕胤如此一说,也觉得如此回去不太好。但今天确实是无缘无故觉得心惊肉跳,于是就带上兵器和滕胤一同入宫。等他入殿之后,拜见过吴主,然后被赐入座。一切看似与平常无异,等侍者上酒之后,吴主连番举杯,让众臣跟着饮酒,诸葛恪却心有顾虑,迟迟没有喝酒,于是借故说自己身体不适。孙峻见此情景,说道:"既然您的病还未痊愈,应该是有经常饮用的药酒,如果有药酒也可以拿出来喝。"听此话,知道可以喝自己带来的酒,诸葛恪放心了。酒过几巡之后,吴主孙亮借故休息起身回了内殿,殿内只剩下诸葛恪等一干大臣。这时,孙峻也借故上厕所出了宫殿。一出宫殿,就见孙峻脱掉了官服,换上劲装,嘱咐好四下埋伏的手下后,马上冲进殿去直奔诸葛恪厉声呵斥道:"奉诏捉拿诸葛恪!"话音刚落,诸葛恪大惊而起,刚想拔剑,而这时孙峻已经挥刀连番砍下,诸葛恪当场被杀。这时,张约从旁砍伤了孙峻左手,孙峻回刀砍断了张约的右臂。转眼工夫,外面士兵已经冲进了殿里,其他大臣见此意外也都愣在当场。就见孙峻杀了诸葛恪又杀了张约,然后对众大臣说道:"我奉命要杀的是诸葛恪,如今他已经死了,与你们无关,继续喝酒。"于是,孙峻命令士兵拖走尸体,将大殿收拾干净,就招呼其他大臣继续喝酒。

其后,孙峻趁机派人追杀了诸葛恪的家人,连诛诸葛恪三族,连同诸葛恪的一些心腹手下。

诸葛恪 诸葛恪(203－253年),字元逊,琅琊(láng yá)阳都(今山东沂南)人。三国时期吴臣,蜀丞相诸葛亮之侄,吴大将军诸葛瑾长子。从小就以神童著称,深受孙权赏识,年少时就被任命为骑都尉,孙登做太子时,诸葛恪为左辅都尉,为东宫幕僚领袖。曾任丹杨太守,平定山越。陆逊去世后,诸葛恪继任他的位子,做了大将军,主管军事。孙权临终前托他辅佐年幼的小皇帝。

司马昭杀曹髦

魏帝曹芳在司马氏一族的操控下做了皇帝,但时间久了,总觉得像是傀儡(kuǐ lěi)一样,这皇帝做得也是很难受的,而曹氏一族其他人看了也很不舒服,想当年这魏国是曹氏的天下,今天却什么都要看着司马氏人的脸色,原本高高在上的曹氏家族有种被从天上摔倒地上的感觉,心里很不是滋味儿。而魏帝曹芳也渐渐地长大了,做皇帝的哪会让别人管束,于是曹芳就变着法儿地想把权力夺回来,而且就是曹芳身边的皇亲国戚也都觉得这皇权应该夺回来,所以当时的中书令李丰和张皇后的父亲张辑等人就图谋废掉司马师,改立夏侯玄为大将军,却没想到事情败露,这些人被知道情况的司马师诛杀,连张皇后都被废除了。由于这次行动被司马师识破,为了更稳妥地保卫自己的地位,司马师废了魏帝曹芳,另立曹髦(máo)为帝。

曹髦也如曹芳一样,觉得这天下是曹氏打下的天下,而他这位皇帝却还是要听司马氏的话,心里很不甘愿。但是这时的朝政大权已经尽在司马氏一族的手里,尤其是司马师、司马昭兄弟二人。司马师死后,司马昭就继承了司马师的大将军职位,在朝廷上更是呼风唤雨,说了就算。曹髦小的时候还对司马昭无可奈何,等到越来越大之后,还是不能做主天下,还是做傀儡皇帝。终于有一天,他发现自己没有丝毫权力,对司马昭是忍无可忍。于是这天曹髦偷偷召见了王沈、王经、王业等人,十分愤慨地说道:"真是司马昭之心，路人皆知。我不能再这样坐着等待不断受辱，今天要与你们一起去讨伐他。"说完就跑出去见太后，郭太后想要极力阻止却来不及，而王经等大臣也是不断劝阻曹髦，以目前的实力他们根本奈何不了司马昭，这事应该从长计议。但这时曹髦已经听不进去任何话，扔下一张写好的诏书，就带领宫人300多人冲出宫殿，想去讨伐司马昭。这边王沈和王业二人早就偷偷通风报信给司马昭，司马昭知道后大怒，马上派兵入宫去镇压。两方在宫中相遇，这时，司马昭的弟弟司马伷（zhòu）前来劝阻曹髦，想要救他一命，没想到曹髦对司马氏一族已经深恶痛绝，压根不听劝阻。这时，司马昭的部下，中护军贾充已经带兵到了曹髦一干人马面前。面对司马昭如此赤裸的叛逆，曹髦大怒，拔出宝剑大声呵斥道："你们反了吗？我是皇帝！"这声大喊，确实吓退了不少士兵。见到这个情景，司马昭这边的士兵都有点犹豫，这其中有个太子舍人成济是司马昭这边的人，见情况不妙，于是就问贾充怎么办。贾充看了这情形，心知这事不好办，琢磨半天，咬咬牙，对成济狠狠地说："趁机杀了他。"成济听了心里一震，但想到当今魏国情况，一狠心，于是就带戈冲到魏帝曹髦面前，伸手一挺，就见魏帝回避不及，当胸被戈刺穿，当下就倒在车上，死了。当时曹髦才20岁。司马昭闻讯赶来，眼见皇帝已经倒在血泊中，死了，假装很吃惊和意外，假意跪倒在皇帝尸体旁边哭泣，然后追问是谁杀了皇帝，后来司马昭为堵天下人的口，杀了成济以告慰魏帝曹髦之灵。同时，又以曹髦不敬太后，废了曹髦的帝位，另立了一位能够完全掌控的傀儡皇帝。自此，司马氏完全掌控了曹氏的魏国。

太学 是中国古代的大学。汉武帝元朔五年开创太学，它是中国当时最高学府。太学选聘学德高望重的人担任教授，称为博士；招收学生，随教授学习，称为博士弟子。太学以《诗》《书》《礼》《易》《春秋》等儒家经典为教材。学生经考试及格，任用为政府官吏。

嵇康打铁

扫码查看
- 中华故事
- 典故趣闻
- 能力测评
- 学习工具

曹髦被杀,司马昭杀了成济另立新帝,虽说天下人都知道是怎么回事,但很多人都不敢说出口,但有些文人学士可忍不住了,纷纷著书立说谴责司马昭的倒行逆施。

在这些敢于抨击司马昭的人中,最有名的就是嵇(jī)康。

嵇康从小就十分喜欢读书作诗,性格也很豪爽,于是结交了不少志同道合的朋友,比如:阮籍、山涛、向秀、王戎、刘伶等,他们经常相聚在竹林里,喝酒谈天下,兴致所到,什么都说。因为他们经常在竹林相聚,又敢说实话,所以当时人们送他们一个称号"竹林七贤"。这嵇康因为性格豪爽,为人又十分干脆磊落,所以虽然满腹才华但是并不屑

146

做官。觉得那些官就只会迎合司马昭，拍马屁。虽然嵇康不喜欢做官，但他很喜欢打铁，心情好了或者郁闷了，他都会光着上身，抡着大锤，在铁炉旁边叮叮当当地敲打个不停。这番敲打才能平息他心里的所有不满和愤怒。

可是，虽然他不招惹是非，但往往有些人却总是喜欢招惹像嵇康这样的特殊人物。当时中书侍郎钟会很受司马昭重用，有权有势，自然就是很骄纵的人。他听说了嵇康才华出众，但偏偏喜欢打铁，觉得这人很有意思，就想去看看他。这天，嵇康正在树荫下打铁，身上都是汗，手里拿着铁锤不断捶打着铁，而且越打越来劲儿，越打越专注。这时，有人告诉钟会来看他了。可嵇康也不知道是没听到还是听到了装着没听到，头也不抬，眼也不看，还是那么专注地敲打着炽热的铁料。这边，钟会本以为有人通报后，这嵇康怎么也要恭迎一下他，却没想到这嵇康根本不理睬他，害得他站在旁边摆了不少造型，又等了好长一会。这可让钟会又羞又恼了，转身就要走，没想到这时嵇康倒开口了。他一边低头敲打着烧红的铁条，一边慢慢地说道："你听见了什么才想来这儿的？又看见了什么才想走的？"这不紧不慢的口气，让钟会气个半死，于是钟会气呼呼地说道："我听见了我听见的才来的，我看见了我看见的才想走的。"说完，转身带着随从就走了，从这次见到嵇康之后，钟会领教了嵇康的脾气同时也开始对嵇康恨之入骨。

由这件事可以看出嵇康对当官的是很讨厌的，但是他的才华又让人觉得不为官实在是可惜，其中有个叫山涛的朋友就极力劝嵇康做官，这个山涛就立志为官，所以积极进入官场做了大官，同时三番两次来劝嵇康也做官。嵇康回绝了几次，山涛都不死心，还极力上报朝廷举荐嵇康，嵇康实在忍耐不住了，写了一封《绝交信》给山涛，不但挖苦了山涛，而且还批判了当时的朝政。司马昭听说了嵇康的事十分生气，暗自记住了嵇康这个人。正在司马昭看嵇康十分不顺眼的时候，嵇康又闹出一件事，让司马昭是下定了决心要诛杀嵇康。

嵇康有个好朋友叫吕安，与吕安的哥哥吕巽(xùn)也是好友。有天，吕巽趁着弟弟不在家，侮辱了弟弟的媳妇。吕安得知后，本想休妻之后状告吕巽，但吕巽请嵇康从中作调解，并发誓绝对会悔改，嵇康不忍兄弟反目成仇，于是劝说了吕安，将这件事平息下来。没想到，虽然吕安答应不再追究，吕巽却心有不安，恶人先告状地去诬告吕安不孝顺父母。嵇康得知此事之后十分震怒，立即写信与吕巽绝交，并且出面为吕安作证，却没想到吕巽收买官府，将吕安、嵇康一起收押。钟会得知此事后，马上去劝司马昭趁此机会除掉嵇康，司马昭就命人判了嵇康死罪。

原本嵇康为义无故受屈被关押后，他的亲朋好友和很多知嵇康之名的人都纷纷为嵇康请愿，有的甚至要求一同入狱以逼迫朝廷给嵇康还个清白。但是经过官府劝谕，这些人最初散了。却没想到，不久，嵇康和吕安都被判处死刑。行刑的那天，大约有3000多名太学生集体请愿，并请求嵇康来太学做老师。这些要求自然没有被同意。嵇康临刑前，神色丝毫未变，如同平常，抬头看了看太阳，知道还有点时间，就请兄长将平时喜爱的古琴拿来，他亲自在刑场上抚了一曲《广陵散》。曲后，嵇康曾说："当年袁孝尼曾经想要上我这学《广陵散》，我拒绝了，恐怕从今天起《广陵散》要绝传了。"之后，从容服刑。

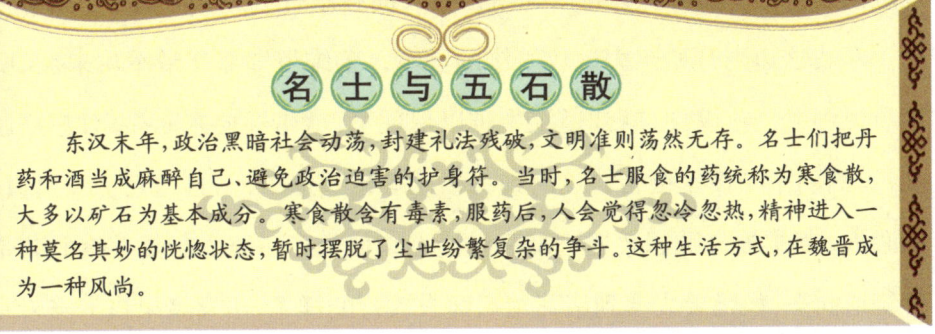

名士与五石散

东汉末年，政治黑暗社会动荡，封建礼法残破，文明准则荡然无存。名士们把丹药和酒当成麻醉自己、避免政治迫害的护身符。当时，名士服食的药统称为寒食散，大多以矿石为基本成分。寒食散含有毒素，服药后，人会觉得忽冷忽热，精神进入一种莫名其妙的恍惚状态，暂时摆脱了尘世纷繁复杂的争斗。这种生活方式，在魏晋成为一种风尚。

三国归一统

魏国后期大权全部掌握在司马昭手中，于是更加集中力量对外。蜀国后期，刘禅没有什么能耐，朝廷内外由太监黄皓把持着大权，朝廷开始日益腐败。大将军姜维为了避免受迫害于是请将率兵驻守沓中（今甘肃舟曲西北）。263年，姜维上表刘禅说魏国有出兵的迹象，应该派张翼、廖化分别把守阳安关口和阴平桥头，用来防患于未然。但这份奏折却被黄皓压下了，大臣们都不知道。

同年，魏国果然出兵，分三路征伐蜀国：一路是征西将军邓艾率领3万兵马从狄道（今甘肃临洮）进军，主要是用来牵制蜀将姜维驻守在沓中的主力；另一路是雍州刺史诸葛绪率领3万多人进攻武都（今甘肃成县西北），这样可以切断姜维的退路；还有一路是邓会率领主力大军10万多人，准备乘着姜维无法脱身直攻汉中，然后直接奔向成都。闻讯之后，黄皓一直不信，等到魏将钟会快要进入骆谷，邓艾将要进入沓中的时候，黄皓才派了廖化去沓中救援姜维，张翼和董厥（jué）率兵赶去阳安关中（今陕西勉县西）做外援。又命令驻守汉中的将领放弃汉中，全力保护汉城（今陕西勉县东）、乐城。这边廖化带着兵马赶到了阴平，却听说魏将诸葛绪正带兵向建威行进，于是就停下来等待敌军。邓艾这边则开始全力进攻姜维的驻军。姜维得知邓艾带军攻来，又听到消息说钟会进攻汉中，就知道汉中难以保住了，就带兵向东面撤离，想摆脱邓艾，退到阴平与援军会合。这时魏将杨欣等带兵追击，一直追到了疆川口，两军激战，姜维被打败想要退逃却又被诸葛绪堵住了后路。于是姜维假装带兵要绕道向东，像是要去绕到诸葛绪后面去攻打的样子，诸葛绪果真上当带军离开了，这时姜维趁机带兵迅速回转，赶去与廖化、张翼合兵，先驻守剑阁。在阴平姜维遇到了廖化,就命廖化在阴平抵抗魏军,自己则带领兵马赶去阳平迎战钟会。另一方面,因为蜀军没有对一些要塞严加守卫,钟会带兵一路冲杀,很快就进入了汉中,然后留了2万人左右围攻汉城、乐城,自己亲自率领主力部队进攻阳安,很快就攻下了关城。虽然乐城钟会没有拿下来,但关城已破,钟会带兵直接南下。这时,张翼、董厥才到汉寿,姜维、廖化也放弃了阴平退后,正好与张翼会合。三军终于合兵,一起退到了剑阁,准备在剑阁抵御钟会。两军对垒前,钟会还写信想要劝降姜维,但姜维没有回信,而是分兵把守各险要重地,钟会一时攻克不下,两军形成了对立的局面。这时,邓艾上书建议,派一支小部队从阴平那边过去,偷袭成都。魏帝同意了,于是邓艾趁着姜维等大军被钟会牵制在剑阁的时候,亲率部队从阴平向南,离剑阁大约两百多里,然后攀援崎岖山路,遇到不通的地方就凿出通路,遇到没有桥的沟壑就先搭建桥梁

让大军渡过，又穿过了700多里没有人烟的危险地域，意外地出现在蜀军眼前，然后攻克了绵竹又斩杀了诸葛瞻。最后一鼓作气攻下了雒县（今四川广汉北），眼看就要到成都了。

邓艾的魏军快要攻入成都的消息让蜀后主刘禅惊慌失措，此时的蜀都根本就毫无防备。邓艾率军在城下要求刘禅出城投降，刘禅连忙召集文武百官商议对策，其中大多数的臣子都主张投降，而听闻这个消息，刘禅的儿子刘谌极力主战，反对投降，但无论他怎样苦苦相劝，刘禅还是觉得大势已去，同意了投降。刘谌见此情况，痛哭在昭烈庙中，不甘做亡国奴的他最终把自己的妻儿都杀了然后自杀，当时很多蜀国的老臣也为之痛哭不已。刘禅投降后，又派人命令姜维投降。当时还在与钟会对峙的姜维得知蜀后主投降，又来诏令让他也投降，一时间也无为可做，就投降了。至此，蜀汉宣告灭亡。魏国接手了蜀国的一切。蜀汉的灭亡增加了魏国的实力，同时也对吴国造成了巨大的威胁。这样三国鼎立的时代结束了。

同年，吴国孙皓继位，但他骄奢淫逸不思强国，吴国也日趋败落。265年，司马昭去世，他的儿子司马炎继承了他的位置，而这时已经权倾朝野的司马氏一族不再听取曹氏的命令，同年12月，司马炎逼迫魏帝让位，自己称帝，改魏为晋。

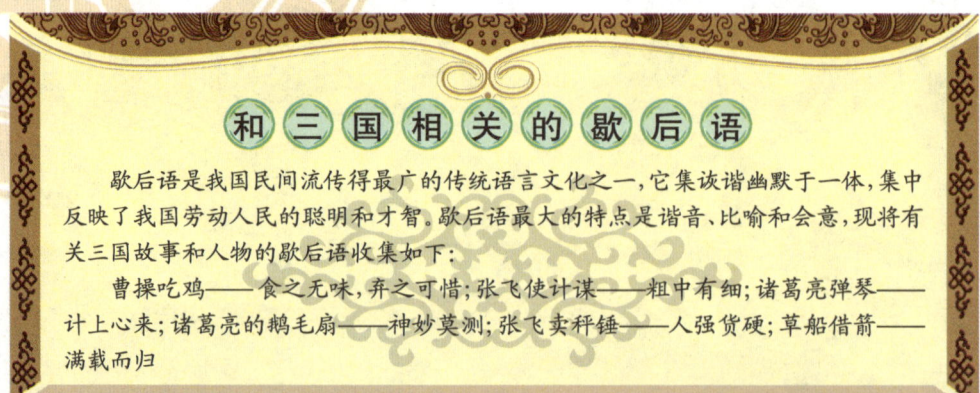

和三国相关的歇后语

歇后语是我国民间流传得最广的传统语言文化之一，它集诙谐幽默于一体，集中反映了我国劳动人民的聪明和才智。歇后语最大的特点是谐音、比喻和会意，现将有关三国故事和人物的歇后语收集如下：

曹操吃鸡——食之无味，弃之可惜；张飞使计谋——粗中有细；诸葛亮弹琴——计上心来；诸葛亮的鹅毛扇——神妙莫测；张飞卖秤锤——人强货硬；草船借箭——满载而归